创业板股票交易型操纵特征实证研究

夏仕亮　著

An Empirical Research on
Trade-based Manipulation Charactertics of
Venture Stock Market Assets

中国社会科学出版社

图书在版编目(CIP)数据

创业板股票交易型操纵特征实证研究/夏仕亮著.—北京:中国社会科学出版社,2017.12

ISBN 978 - 7 - 5203 - 1747 - 4

Ⅰ.①创⋯　Ⅱ.①夏⋯　Ⅲ.①创业板市场—股票交易—研究

Ⅳ.①F830.91

中国版本图书馆 CIP 数据核字 (2017) 第 314150 号

出 版 人	赵剑英
责任编辑	孙铁楠
责任校对	邓晓春
责任印制	张雪娇

出　　版	中国社会科学出版社
社　　址	北京鼓楼西大街甲 158 号
邮　　编	100720
网　　址	http://www.csspw.cn
发 行 部	010 - 84083685
门 市 部	010 - 84029450
经　　销	新华书店及其他书店

印　　刷	北京君升印刷有限公司
装　　订	廊坊市广阳区广增装订厂
版　　次	2017 年 12 月第 1 版
印　　次	2017 年 12 月第 1 次印刷

开　　本	710 × 1000　1/16
印　　张	13.75
字　　数	268 千字
定　　价	59.00 元

目　录

图表目录

绪　论

一　问题的提出与研究意义

（一）问题的提出

2009 年 10 月 30 日，首批 28 家创业板上市公司在深圳证券交易所挂牌交易，由于创业板之前受到媒体的广泛推介，加之创业板整体市值规模较小，出现了在上市后半小时内，有 5 只个股涨幅超过 150%，到收盘时，创业板平均涨幅达到 106%，涨幅最高的为南风股份，达到 209%，而且由于盘中受到资金爆炒，证监会不得不临时停牌，成为中国资本市场发展的又一件操纵市场标志事件。截至 2010 年 11 月 1 日，在创业板上市的 142 家上市公司发行均价为 33.56 元，IPO 的市盈率均值为 66.38 倍，超募率为 2.1 倍，远高于主板和中小板股票[①]。回顾上证指数与创业板指数又可发现，在 2012 年 12 月 3 日（12 月的首个交易日）到 2013 年 9 月 30 日，以收盘点位计算，上证指数从 1959.77 点上涨至 2174.67 点，涨幅为 10.96%，而创业板指数从 593.66 点上涨至 1378.15 点，涨幅为 132.14%，竟然是上证指数涨幅的 13 倍多，为何会产生如此巨大差异呢？

2014 年 5 月中国证监会在官网上公布了元力股份、科泰电源等 18 家创业板、中小板股票涉嫌股价操纵。无独有偶，2015 年 5 月，全通教育等 12 只股票涉嫌股价操纵〔其中创业板股票有万邦达（300055）、安硕信息（300380）、全通教育（300359），其余公司多数为深圳中小

---

① 曾永艺等：《我国创业板高超募之谜：利益驱使或制度使然》，《中国工业经济》2011 年第 9 期。

板股票〕。2015 年 11 月，私募基金经理徐翔掌握的泽熙投资轰然倒塌也引来国内外投资界一片哗然，截至 2015 年，泽熙 1 期实现了 323.55% 的总回报，泽熙 2 期实现了 160.34% 的总回报，泽熙 3 期实现了 382.07% 的总回报，泽熙 4 期和泽熙 5 期则分别实现了 210% 和 180% 的回报。若论成立以来的长期收益，泽熙五种产品更是包揽了私募产品前五的座席，创造了中国私募界的收益神话。不料 2015 年 11 月 1 日晚间，新华社播发了徐翔等人通过非法手段获取股市内幕信息，从事内幕交易、操纵股票交易价格，其行为涉嫌违法犯罪，被公安机关依法采取刑事强制措施的消息。在事后披露出的交易明细中，投资者也发现万邦达等创业板公司也赫然列在股价操纵的名单上。

国内大量的实证研究发现，"庄"的存在会导致股票价格出现明显高于市场平均收益，放大了股票的价格对会计盈余等信息的反应，导致市场出现"三高"（高市盈率、高发行价、高超额募集）现象。① 2013 年美国芝加哥大学 Eugene F. Fama 教授被授予诺贝尔经济学奖，他最大的贡献是提出的有效市场理论。根据该理论，如果各种私下和公开信息在证券价格中充分体现，那么证券市场呈现为有效市场状态。在有效市场状态下，任何企图战胜市场的想法都不可能成功的，投资者不可能长期稳定获取高于市场平均回报率的报酬。对照创业板成分股与市场平均波动情况可以反证我国证券市场远未达到有效市场状态，说明该理论因为其严格的前提假设很难解释板块的超额溢价行为。

股票市场中的操纵问题似乎是股市的顽疾，也是我国乃至全世界证券市场中存在的不合理现象之一。市场中的操纵行为会使得操纵者获得超额报酬而损害了公平、公正、公开的"三公"原则，会伤害投资者对股票资产的持有态度，甚至会使得证券市场丧失了有效配置社会资源的能力。操纵问题的解决离不开对操纵过程的分析和对我国资本市场股价波动实际状况的研究。创业板股票在操纵期间有怎样的微观交易特征呢？操纵的发生对创业板股票的资产定价有什么影响呢？创业板股票的操纵能够提前预判吗？这是本书所要尝试解决的问题。

---

① 鲁桂华等：《庄与会计盈余的价格含义》，《管理世界》2005 年第 7 期。

（二）研究意义

股价操纵问题的研究，经典的金融理论关注不多。所以，我们可以认为股价操纵现象难以根治的原因在于操纵机理识别的理论"黑箱"尚未被打开。如果本书能够从创业板股价被操纵后的市场表现中寻找到关键变量，那么无异于找到了打开交易型股价操纵"黑箱"的钥匙。从理论角度看，创业板市场操纵行为特征如何、操纵特征变量的参数波动特征对研究新兴资本市场环境下的定价机制有理论贡献，对资本市场治理有重要现实意义，理解新兴资本市场中的微观市场结构、优化资产配置效率也具有重要意义。从中小投资者角度看，能否识别股价操纵者的交易策略，也是关乎其能否实现"跟风"交易还是沦为噪声交易者的重要问题，也是有关市场公平能否实现，价值投资导向能否树立的重要问题。从监管者角度看，打击各种股价操纵行为是其重要职能，但是对操纵股价的交易监控和认定需要有专业性知识，需要各种综合分析工具的应用，也要建立在股价操纵机理清晰掌握的基础上，本书对创业板股票股价操纵问题的研究也希望能对打击股价操纵犯罪有所贡献。

二　研究思路与内容

（一）研究思路

创业板自创建以来备受瞩目，其中一些创业板公司体现出了高成长的特点，给股东带来了高额的投资回报。然而其中的股价操纵现象也不容忽视，结合现有文献，本书主要围绕表征创业板股票操纵的三个主要维度：超额收益、成交量、流动性。依据行为金融理论，将动量效应和反转效应引入创业板股票操纵的不同周期，考察测算被操纵创业板股票动量效应强弱。依据量价关系理论，考察被操纵创业板股票的成交量与超额回报时间序列的因果关系，揭示股价操纵过程中交易量的微观特征。在考察操纵背景下，创业板股票的流动性高低对股票价格收益的影响机理，对创业板股票行为金融理论进行验证。依据前面三个主要操纵特征变量，结合部分公司基本面变量构筑逻辑判断模型，对创业板样本股进行了操纵概率的判断，计算操纵概率，最终结合研究发现，提出治理股价操纵行为的相关建议和对策。

（二）研究内容

本书主要以创业板股票的交易型操纵为研究对象，从三个创业板股票操纵后的微观交易特征变量价格、成交量、流动性溢价入手，实证研究创业板股票被操纵过程中体现出的微观特征。研究内容主要包括四个方面：第一，从价格动量效应出发，检验创业板股票交易过程中动量效应的存在性，研究创业板股票在不同时间长短周期下的动量效应特征，还将考虑不同换手率水平下创业板股票的动量效应差异；第二，研究创业板股票在操纵期间中的成交量与价格配合关系。利用创业板个股的成交量与收益率时间序列，判断被操纵股票量价格兰杰因果关系，揭示在操纵期间成交量对价格收益变量的影响以及预测指示能力；第三，回顾流动性测度理论，利用流动性量化指标，研究创业板股票在操纵期间的流动性变化特征，通过测度流动性及流动性波动率对超额收益的影响试图将流动性指标作为资产价格解释变量纳入资本资产定价理论，剖析创业板股票高溢价之谜；第四，从被操纵股票股价指标角度入手，利用收益率、成交量、换手率等变量参数，在秩和检验的基础上，构筑对照组股票，利用逻辑判断模型，判断创业板股票发生被操纵的概率，以期发现创业板股票被操纵的痕迹。

三　研究方法与技术路线

（一）研究方法

本书拟基于行为金融理论、信息经济学、公司金融理论、噪声交易理论、市场微观结构理论等，采用理论分析与实证分析相结合，定性与定量分析相结合的研究方式，通过经典文献整理、理论模型论证、计量模型等理论分析与数量分析方法，系统探讨创业板股票交易型操纵的微观机理以及操纵特征、经济后果，综合分析超额价格收益、成交量、流动性等变量，揭示创业板股票股价被操纵后的特征，以保证对创业板股票资产操纵研究具备较高的科学性、客观性与严谨性。具体而言，本书拟采用的研究方法主要包括以下四种：

1. 文献阅读法

通过收集与整理国内外有关股票价格操纵的文献，掌握了本书主题相关的理论脉络与最新前沿成果，为本书的研究提供了思路借鉴和方法指导。行为金融学、信息经济学、噪声交易理论的相关研究为本书提供了扎实的理论基础，从而为本书构建创业板多头型交易型操纵理论模型，为全面分析交易型操纵的实现条件提供了可能。同时本书还借鉴行为资产定价理论，构建了流动性溢价相关理论与实证模型。

2. 归纳演绎法

本书通过对相关统计数据、基础理论及现有研究成果进行分析归纳的基础上，提出创业板股票交易型操纵过程中产生的超额收益、成交量异常、流动性溢价等理论分析框架，并利用相关统计数据对其进行实证检验，最后对实证结果进行归纳总结，推理演绎，得到本书的研究结论与政策含义。

3. 计量经济模型法

利用创业板被操纵样本的交易数据测算操纵周期下的动量效应，利用格兰杰因果检验模型对收益率和成交量时间序列进行研究，考察成交量数据所体现出来的 GARCH 效应，利用面板数据模型考察操纵周期下的流动性溢价，利用逻辑判断模型利用相关异动指标判断创业板被操纵的概率，通过建立计量模型，保证研究的严谨性与科学性。

4. 比较分析法

在本书的研究过程中，多次采用对照分析比较创业板与主板数据差异，多次比较不同长短周期下的参数特征，多次进行不同创业板公司之间的对照，从而丰富了相关的实证研究，更加接近资本市场实际操纵背景。

（二）技术路线

本书以创业板股票发生的交易型操纵为研究对象，围绕价格核心变量，从发生交易型操纵的价格、成交量、换手率等特征入手，深入分析我国创业板股票独特的定价机制。

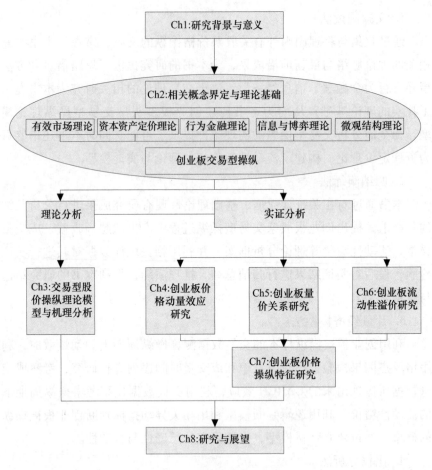

图 0 - 1　研究技术路线

四　本书的结构安排

创业板市场是我国构建多层次市场的又一次重要政策探索，目前对创业板交易的微观研究还不多。本书选取了创业板市场自 2012 年 12 月至 2013 年 9 月一次巨幅超额收益的研究机会，拟深入分析在这段时间中的创业板股票市场交易的微观特征，将从股票交易型操纵产生的不同后果及特征来确定相应的研究内容。

绪论主要明确本书研究的对象，交代本书背景与意义、相关的研究思路与主要研究内容，给出本书的研究方法与技术路线，总结本书可能存在的创新，并对未来后续的研究进行展望。

第一章理论基础与文献回顾。主要阐述了有效市场理论、资本资产定价理论、行为金融理论、信息与博弈理论、市场微观结构理论与股价操纵之间的关系，定义了交易型操纵、操纵期间等核心概念，综述分析现有的创业板市场研究几个主要主题，分析了国内外文献对市场操纵变量及特征的研究，对股价操纵的研究方法进行了归纳。

第二章创业板股票交易型操纵分析框架。论述了创业板市场的个性化特征及当前创业板市场交易状况，总括对比分析创业板个股股价收益、振幅、成交量相对于主板市场的差异化特征，引入股票交易型操纵的概念化模型，分析了非对称信息下价格操纵的微观后果，同时，该章借鉴行为金融理论将交易型操纵过程分为四个阶段：吸筹阶段、拉升阶段、出货阶段、恢复下跌阶段，通过模型推导，论证了操纵者在资金和信息优势下的市场均衡，得出了操纵者最大潜在操纵收益。该章分别从股价动量效应、价量关系、流动性溢价角度阐述现有的一般理论及交易型操纵后它们发生变化的机理。

第三章创业板股票交易型操纵动量研究。以行为金融中的价格动量效应为切入点，研究创业板股票在不同时间周期下的价格动量特征，通过构建创业板的输者赢者组合来分析创业板股票价格的波动规律，并考虑不同换手率下的创业板股票的动量与反转特征，揭示交易型操纵的收益特征。

第四章创业板股票交易型操纵动态量价关系研究。主要以量价关系为研究切入点，研究创业板股票在不同操纵周期下的量价关系特征，检验创业板股票交易过程中的量价因果关系，并检验创业板股票是否在价格波动方面存在基于成交量序列的 GARCH 效应。

第五章创业板股票流动性溢价实证研究。主要研究交易型操纵背景下的创业板股票流动性溢价问题。借鉴 Fama-Maceth 研究方法构建模型，采用反映股票交易活跃程度的指标，包括交易金额和换手率及相关波动率测度创业板市场三个不同期间流动性溢价状况。

第六章创业板样本股交易型操纵特征识别研究。在前面各章的研究基础上，从超额收益、换手率、交易金额、风险值等变量角度入手，识别出在创业板股票发生交易型操纵前后特征的变化，并选择了相关的对照组，构建了基于 Logistic 的交易型操纵模型。

第七章创业板股票交易型操纵研究结论、治理对策及研究展望。针对创业板市场存在的交易型操纵，提出了相应的对策，以及本书研究的不足，并在此基础上提出了进一步研究的展望。

五   本书的创新与不足

(一) 本书的创新

本书较系统地对创业板交易型操纵问题进行了研究，主要的创新点与研究贡献可能体现在四个方面：

第一，我国创业板市场推出至 2017 年有 8 年左右的时间，目前对创业板股票定价机制及交易行为的研究文献不多，对创业板市场价格运动与交易特征方面的研究还不够深入和细致。本书从理论与实践角度界定了交易型价格操纵，并且从价格操纵微观交易视角研究创业板股票价格运动的动量效应、量价关系、流动性溢价效应，着眼于行为金融理论，为传统的资本资产定价理论提供理论补充。

第二，构建了庄家进行交易型操纵的概念化模型，并结合吸筹阶段、拉升阶段、出货阶段、恢复下跌阶段不同阶段，揭示股票交易型操纵时价格、成交量、流动性等发生变化的微观机理。在考虑正反馈交易和噪声交易者背景下，测算操纵者潜在最大利润。

第三，借鉴行为金融理论、资本资产定价原理，密切联系创业板的微观交易特征，构建了基于交易型操纵背景下的创业板股票动量效应模型、价格运动特征描述的 GARCH 模型、流动性溢价面板模型，交易型价格操纵 Logistic 判别模型，得出了更符合中国创业板市场实际状况的个性化结论，为创业板市场的规范和治理提供了具有较高可操作价值的思路与对策。

第四，在研究周期的选择上，选择了不同于之前学者选择的诸如年、月等长周期，考虑到创业板市场存在的现实交易特征，关注周、日等短周期下的交易特征，得出不同于已有文献的研究结论。已有的实证研究一般采用大样本，选择沪深两市所有股票，从操纵视角来看，似有不妥，因为大样本数据中行为资产定价特征规律的丢失和遗漏。所以本书对创业板股票的研究选择了小样本，从交易型价格操纵发生实际来看，这会使研究结论更加符合实际。

（二）本书存在的不足

第一，研究的模型化、抽象化与现实市场交易的多样性和复杂性之间的矛盾是影响研究结论效度的重要问题。不同被操纵的创业板股票，由于公司自身规模、财务基本面、机构参股程度，中小股东数量与资金实力，甚至媒体关注度都存在差异，会使得被操纵股票的相关特征参数呈现出差异化的表象，同时由于操纵者的资金实力、操纵起始点选择差异，会使得统计结论产生误拒或者误受的风险。

第二，在研究数据的获取上，由于高频数据获取受限，使得在更短周期的研究较难实现。

第一章　理论基础与文献回顾

第一节　理论基础

一　行为金融学理论与股价操纵

行为金融学作为行为经济学的一个分支得以蓬勃发展，主要是它能够对市场中出现的多种异象进行解释。传统的金融学假设投资者具有完全理性，然而随着心理学与金融学交叉研究的不断深入，研究者发现在实际市场中的投资者很难满足经济理性人假设。在行为经济学、行为金融学等新兴学科中，各种情绪、认知、态度的研究使得这些主流经济学忽略的人的属性特征重新被重视，特别是还原真实金融投资市场中投资者身上表现的非理性交易特征，从而有助于理解证券市场无法实现完全有效的根源。[①] 行为金融学研究的主要特点是将心理学、社会学、决策理论等其他学科的理论工具引入到实际金融投资研究中，它并非完全抛弃了主流金融理论的观点，而是更加突出了不确定风险条件下投资者非完全理性行为带来的一系列金融后果。[②] 行为金融学理论修改了投资者具备完全理性和充分信息的假设，事实上投资者总是存在各种心理偏见和容易受到非理性情绪的干扰，而股价的操纵控制者往往利用噪声交易者的非理性行为达到操纵股价获利的目的。在股价操纵的过程中，操纵者往往充分利用其他投资者心理偏差以达到其获取非法利润的目的。这

---

① 阮文娟：《资产定价：理论演进及应用研究》，《金融理论与实践》2007 年第 1 期。
② 张强等：《套利能保持资本市场有效吗？——行业金融学套利局限性与风险性分析》，《经济纵横》2005 年第 6 期。

些心理偏差主要包括：

1. 证券投资行为中的处置效应

处置效应是指在实际投资过程中投资者愿意保留亏损的证券资产而倾向于处置盈利的头寸。处置效应不仅存在于美国等成熟资本市场，在中国等新兴市场也广泛存在。实证研究发现我国投资者的处置效应表现得更为突出。[①] 从机构投资者和个人投资者比较来看，个人投资者的风险厌恶也表现得更为严重。有很多基于实证研究的成果表明，我国很多个人投资者在面临账户亏损时，及时止损认亏的比例最少，增加投资、降低仓位的操作居中，持股观望、解套出局的比例最高。处置效应的存在与投资者内心的风险厌恶特性密切相关，而其后果是严重制约了个人投资者收益。特别是在操纵过程中，某些操纵者也会利用这种效应来控制盘面，达到顺势操纵的目的。

2. 动量效应异象

所谓动量效应是指股票价格的运动并非完全随机的，表现出一段时间的持续上升或下降的走势。[②] 实际投资过程中，动量效应的存在往往会发现某个证券或者投资组合，如果前期上涨或者下跌较大时，在下一个期间将会维持这种股价运动趋势，反映在股价趋势上为"强者恒强，弱者恒弱"。动量效应的存在给市场无风险套利的机会。动量效应的实证研究发现，不仅在美国等成熟资本市场中存在，在新兴市场同样存在。

3. "过度自信"心理异象

所谓过度自信是指心理学家通过大量研究发现，在各种决策过程中，人们倾向于高估自己的判断能力，高估成功概率，往往把决策的成功归因于自己的能力，忽视了外在的机会、运气等偶然性因素的影响。[③] 投资方面的过度自信对投资者决策有两方面的影响：一方面，如

---

① Hersh Shefrin, "The Disposition to Sell Winners Too Early and Ride Losers Too Long: Theory and Evidence", *Journal of Finance*, No. 7, 1985.

② 程兵：《动量和反转投资策略在我国股市中的实证分析》，《财经问题研究》2004 年第8 期。

③ Hersh Shefrin, "Beyond Greed and Fear: Understanding Behavioral Finance and the Psychology of Investing", USA: Oxford University Press, 2002, pp. 13 - 23.

果投资者过度自信，在信息收集方面和信息价值判断会产生问题，投资者可能会过分重视自己所收集到的信息，而忽视了投资对象其他公开与私有信息的收集；另一方面，那些过度自信的投资者在面临各种投资信息处理时，那些会强化他们自信的信息会受到重视，而忽略那些会影响自信心的负面信息，甚至不能或者不愿意承认自己的判断失误，最终会导致处置效应、信息反应过度或者不足、盲目进行大量的追涨杀跌等非理性投资。国内的学者通过统计实证研究后发现，我国个人投资者存在过度交易等现象，这些交易背后的动因在排除了流行性需求、分散风险、合法避税等可能因素后，只能归因于我国个人投资者在决策过程中存在过度自信特征，大量的非理性交易来自于对自己投资能力的过度自信。[1]

4. 羊群效应

传统投资理论认为市场中的投资者非理性行为是具有随机性的，不同的投资者非理性偏差是会相互抵消的，最终资产价格会体现资产潜在价值。然而现实市场中的结果是投资者往往以相同的方式偏离，基于席勒的观点，金融资产的价格取决于市场中投资者的主流心态和狂热心理。从机构投资者和个人投资者信息获取来看，众多个人投资者基于成本、能力等限制，在信息资源、渠道方面处于相对弱势地位，而且基于自己的投资知识和能力往往存在诸多偏差，所以他们会出现"搭便车"的学习行为。[2] 资本市场中的羊群效应是指投资者在获取或者占有信息不充分的条件下，存在过度模仿他人买卖决策的行为。羊群效应表现为市场中投资者在某一时期同时进入或者退出市场，而不考虑自己所占有的私有信息，依据所谓头羊的交易方向，做出买进或者卖出的决策，导致股票价格非理性上涨或者下跌，股价运动体现出明显的惯性特征。传统的金融投资理论认为，市场上机构投资者扮演着"智钱"（smart money）的角色，他在市场上会成功套利，将资产的定价偏误进行消除。

① 杨春鹏等：《行为金融：过度自信与混合期望收益模型》，《当代经济科学》2004 年第 1 期。

② 宋军等：《基于分散度的金融市场的羊群行为研究》，《经济研究》2011 年第 11 期。

实际上行为理论发现，机构投资者作为投资代理人，也会存在各种外在约束，无法履行市场"智者"的角色。特别是基金管理人在管理投资组合时，他们也会表现出羊群行为，以最大可能地避免自己的投资绩效低于市场平均水平。实证研究发现在我国资本市场中，机构投资者与个人投资者一样，交易存在很强的羊群效应特征。[1]

5. 异质预期理论

异质预期理论是行为金融理论的重要组成部分，也是解释市场交易行为的重要分析工具。Barberis 和 Thaler 认为市场中存在三类投资者：第一类投资者认为市场中存在许多乐观的投资者，他们会愿意以更高价格做购入决策，所以第一类投资者会持有证券。第二类投资者是悲观投资者，他们相信未来股价会走低，所以他们担心推迟卖出会带来损失，为了避免损失他们会选择卖出证券。第三类投资者是乐观投资者，预期后续期间股票价格会上涨，所以他们会选择买入证券。虽然三类投资者信息获取都不充分，但是他们对市场的预期会切实地影响资产价格均衡的实现，所以异质预期是投资者决策时需要考虑的重要因素。[2]

在资本市场有效条件下，依据过去的历史信息往往不能正确预测未来的价格运动趋势，只有未来新的信息才能影响未来股价走势。根据资本资产定价模型，各种风险资产及组合的未来回报率往往取决于其本身的系统性风险水平的高低。然而市场异象的存在，说明资本资产定价模型的机理和假设还存在瑕疵。许多学者尝试对有效市场假说做技术上的修正，其中投资者理性和同质预期与真实投资世界差距较大。同质预期又被称为同质信念，其基本含义是指不同的投资者对投资证券的预期收益率、标准差大小以及不同证券之间的协方差具有相同的看法，而且假设投资者回报率服从正态分布。资本资产定价模型对于投资者的同质预期假设有两层潜在条件：一是信息的获取是无成本的，并且传播到达时间是相同的；二是投资者依据获得信息做出决策具有相同的先验信念。

① 孙培源等：《基于 CAPM 的中国股市羊群行为研究》，《经济研究》2002 年第 2 期。
② Nicholas Barberis and Richard Thaler, "A Survey of Behavioral Finance", *Handbook of the Economics of Finance*, 2002, pp. 40–48.

从现实来看，免费的信息获取，同时到达是不可能实现的，在所有投资者固有知识存在差异的情况下，先验信念相同也不符合现实。所以，异质预期更符合真实的市场状况。

异质预期理论最早于 1977 年由美国学者米勒提出，他认为资本资产定价模型和有效市场状态很难解释众多的市场投资异象的主要原因是，假设投资者具有同质预期造成的。[①] 他指出不同投资者对同一证券资产的未来收益率期望值以及期望值的方差应该不同（实际上正是由于投资者的投资预期产生分歧才有同时有人买进、有人卖出），而且不同的投资者判断未来证券和风险所依赖的信息和依据不完全相同，所以投资者同质预期很难成立。

投资者的异质预期可以粗略地划分为三个不同的阶段：先验性异质预期形成、异质预期更新和后验性异质预期最终形成。首先，每个投资者都会对投资资产或者组合收益率有一个初始概率判断，即每个投资者形成自己的先验性异质预期，接着根据市场中均衡交易的价格水平，将先验判断与现实市场数据进行对照，同时投资者会充分综合利用自己所掌握的各种信息知识，形成后验预期，完成信念更新过程。在信念更新过程中，投资者的主观预期会受到各种可能因素的作用，所以每个投资主体信念会体现为较大的异质性。

通过研究异质预期在不同投资者中的内在运行机理，Hong 和 Stein 概括出三种方式：第一种方式主要体现为渐进式信息流动。从投资者接受和处理信息过程来看，由于信息搜索能力和获取信息能力存在差异，导致投资者不可能在同一时间得到各种新信息，最早获得新信息的投资者会立刻调整其投资预期，而尚未取得新信息的投资者会继续保持其原有的预期。所以，考虑时间因素的作用，即使在初始状态时投资者拥有完全相同的预期，随着信息的扩散，投资者预期将会出现分化。[②]

第二种方式主要体现为信息处理方面的有限关注。资本市场中每一

---

① Jack Hirshleifer, "The Analytics of Uncertainty and Information-an Expository Survey", *Journal of Economic Literature*, No. 2, 1979.

② ［美］罗伯特·希勒：《非理性繁荣》，李心丹译，中国人民大学出版社 2008 年版。

时刻都有新的信息从不同渠道要不断传递给投资者，而投资者由于自身能力、成本的限制而不可能吸收和处理所有的新信息，从数量上看，只有部分有限信息被投资者获取，从信息关注程度来看，不同的信息类型受到投资者的关注程度会有很大差异。行为金融学研究表明存在过度自信的投资者会容易"过滤"掉那些被认为不重要的投资信息，或者会看轻那些与他们趋势判断相反的负面信息。

第三种方式主要体现为投资者先验的异质性。投资者不同的社会背景会造成投资者历史传统、投资风格、风险偏好等方面很大差异，还有投资者的年龄、性别、教育程度、从事职业也会给投资者带来信息获取与处理能力方面的差异，造成投资者对同一信息处理会有甚至完全不同的投资预期，这种投资者个体先天性的异质性带来了不同的财务投资预期和风险判断取向。

二　噪声交易理论与股价操纵

噪声交易理论虽然还没有构建完整的理论框架，但是在众多学者研究的推动之下已经成为行为金融理论的重要组成部分。噪声概念的提出是伴随着信息经济学的发展而被引入经济问题的研究中，它对于分析资本市场定价均衡过程、刻画现实资本市场交易特征具有重要意义。较早提出"噪声"及"噪声交易"概念的代表性学者主要是 Kyle、Black，其中 Kyle 最初基于投资者流动性需求而提出的噪声交易与现在噪声交易的内涵有很大差异[1]。Ananth Madhavan 认为噪声是与投资者在决策时所依赖的信息概念相对，主要涵盖那些用以解释投资市场中无因果关系的大量因素。[2] 噪声的存在是资本市场不完美的产物，从来源来看，噪声可能是投资者做出错误决策的信号，也可能是信息交易者（股价操纵者）主动制造出来以误导其他投资者的。那些依赖噪声进行交易的投资者称为噪声交易者，主要与信息交易者相对。早期市场选择理论认为，

---

[1]　Albet S. Kyle，"Continuous Auctions and Insider Trading"，*Econometrics*，No. 6，1985.

[2]　Ananth Madhavan，"Market Microstructure：A Survey"，*Journal of Financial Markets*，No. 3，1992.

正因为市场中存在大量的噪声交易才使得市场保持一定的流动性，噪声交易者在资产价格形成中的作用是不重要的，因为他们决策依据错误造成持续亏损，他们迟早会被信息交易者成功套利后亏损而退出市场。这种观点与 Friedman 的投资者理性观点一致，然而这与 Delong、Shleifer、Summers 和 Waldmann 等人的观点相反，以他们四人命名的 DSSW 模型认为非理性投资者能够在市场中具备持久生存能力和获利能力，不同学者对噪声交易理解的分歧体现了证券资产的价量指标是公司基本面内在属性还是投资者动物理性的外在印象反映。[1]

噪声交易的类型大致可分为三类：信息质量型、代理型、操纵型。[2]根据早期 Black 的观点以及现实经验性认识，噪声交易者长期亏损的原因往往是由于噪声交易者的信息劣势产生的。DSSW 模型将投资者分为两类，一类是噪声交易者，另一类是理性投资者，并通过理论对照分析噪声交易者在资本市场的生存能力。在有效市场中，每个投资者都能够通过获得充分的信息来判断资产价值，股票价格是公司潜在投资价值的折现值。如果说理性假设存在的话，那么金融投资将成为简单的游戏，而现实的投资告诉我们各种基本面风险都将存在，正是因为不同投资者对未来的股价预期存在分歧才会导致市场每天的高额成交量，资产价格每时每刻都在变化。DSSW 模型也尝试区别于经典金融学理论，认为噪声交易者虽然也会不断做出投资决策，但是他们依据的信号存在瑕疵（可能是他们自己不可靠的技术分析，也可能是来自于公开媒体的欺骗性信息），所以依据错误的决策信号，必然会导致亏损的财务后果。从噪声交易者的对手来看，市场中的理性投资者往往扮演者套利修正的角色，从而使得偏离基本面的股票资产实现价值回归。从我国 A 股市场的现实情况来看，噪声交易理论也是能够经得起市场的检验，我国个人投资者中 90% 以上存在亏损的结果也说明个人投资者在信息获取和分析研究方面确实产生了众多噪声，所以噪声交易者呈现出明显非理性交易

---

① Albet S. Kyle and S. Viswanathan, "Price Manipulation in Financial Markets: How to Define Illegal Price Manipulation", *American Economic Review*, No. 2, 2008.

② 贺学会：《噪声交易理论研究综述》，《经济学动态》2005 年第 2 期。

特征。[①]

代理型噪声的产生主要是由于各种金融投资活动的专业性和复杂性，因此产生了众多类似于基金、信托等专业资产管理机构。在委托方和代理人之间存在信息不对称和道德风险，如果外在的合同条款不完善或者投资市场环境制度建设滞后会使得代理人产生责任逃避，引发噪声交易。对于因为代理问题而产生的噪声交易主要有 Trueman 模型和 Dow-Gorton 模型。[②] Trueman 在研究了基金管理者与投资者行为后发现，在没有投资收益必须为正收益的合同约束条件下，基金经理有进行过度交易的动机。实证研究发现基金管理者资产管理能力不仅取决于其获取私有信息的质量，还取决于获取信息的周期频率。在投资者选择基金投资对象时，历史的业绩信息往往带有一定的噪声，因为过去的投资收益率中到底有多少取决于基金经理管理能力本身就是一个很难判断的问题。投资者对于基金总的交易量的观察只能做出自己的推断，特别是如果基金经理进行超过基于获得私有信息水平的交易大多属于噪声交易。Dow James 和 Gary Gorton 提出的 Dow-Gorton 模型的构造较前者更为复杂一些，主要加入了资产管理者劳动力市场的存在，委托代理方关于资产管理最优的合同关系，证券价格的充分竞争等条件，其中的重要假设是委托者和投资管理者之间存在信息不对称，切合市场交易实际情况，市场中有时"不交易"反而是最好的交易策略，但是委托人无法区分这种"不交易"是代理人基于委托人利益考虑，还是因为代理人偷懒而不尽职。如果委托代理双方契约中未约定"不交易"也能获得管理报酬，这可能会驱使代理人投机性赌博式的交易以博取市场中风险较高、预期不明确的收益，即也产生了类似的过量噪声交易。他们的研究还精细地考虑了减少噪声交易的有效委托条款的设计，但是面对不确定的市场，代理方还是可能会产生逆向选择。

Allen 和 Gale 将操纵型噪声划分为三类：行为型、信息型和交易型。

[①] 杨胜刚等：《金融噪声交易理论对传统金融理论的挑战》，《经济学动态》2001 年第 5 期。

[②] Andrei Sheifer, "The Noise Trader Approach to Finance", *Journal of Economic Persperctives*, No. 4，2000.

行为型噪声主要通过一些改变目标资产价格的行为实现，信息型主要通过各种虚假信息传播实现，交易型噪声主要与内在价值无关，仅与买卖交易行为相关。[1] 对于操纵产生的噪声研究影响较大的主要有 Vitale 提出相关研究模型。[2] 虽然其模型是针对外汇交易市场，但是可以推广到股票市场交易行为中。该模型假设市场中存在各种类型不具备完全相关信息的投机者，噪声交易能够实现调节未来投资预期可能成为操纵者的套利机会。通过两阶段的外汇市场交易模型的推演，投机者能够测算出做市商成功操纵实现套利的概率，从而能够获得超额利润。在交易商的指令流中，理性投资者借助于学习效应能够估计到外汇货币的内在价值波动风险程度，这种能力使得投机者与其他非理性投资者会得到完全不同的投资收益。对于少数内部基于信息型的投机者在未来投资过程中会套利成功，其中最优投机性噪声交易规模取决于交易成本和未来预期收益。在模型研究中，其假设央行的干预政策作为操纵的套利机会如果频发，则操控的可能性会降低，因为货币政策当局能够对市场投机行为进行清理，这意味着在其他交易市场，如果交易商交易连续，市场操纵事件发生概率会降低。最后，如果市场竞争充分，市场投机者基于纯噪声的操纵意愿会下降。

对于噪声交易中知情型套利，Wang 演化了 Black 模型。其假设市场中存在将噪声信号视为交易信息的噪声投资者，发现知情套利者会充分利用其掌握的内部信息与噪声投资者做出相反投资策略，因此市场交易量会被放大，市场流动性会得到激发，但是知情交易会使得价格效率下降。[3] 从现实操纵的市场条件看，投资者与投资对象之间存在各种信息的不对称，而上市公司管理层掌握了能够影响股价走势的重要信息，考虑到这种天然的便利，知情人会充分挖掘市场中存在的套利机会，通过

① F. Allen and D. Gale, "Stock-Price Manipulation", *The Review of Financial Studies*, No. 3, 1992.

② Paolo Vitale, "Speculative Noise Trading and Manipulation in the Foreign Market", *Journal of International Money&Finance*, No. 19, 2000.

③ Albert. F. Wang, "Informed Arbitrage with Speculative Noise Trading", *Journal of Banking&Finance*, No. 4, 2010.

利用市场趋势、创造交易概念从而实现成功噪声交易。市场中的各种机构投资者，也会充分利用与上市公司的密切联系，提前掌握内部消息后通过非正规途径发布影响价值判断的各种信息以实现套利，也有机构投资者凭借其雄厚的资金实力对部分股票实现价格操纵。

三　资本资产定价理论与股价操纵

从资本资产定价理论的发展历史来看，先后出现过现金流折现模型（DCFM）、资本资产定价模型（CAPM）、套利定价模型（APM），消费基础的资本资产定价模型（CCAPM）以及行为资产定价模型（BAPM），由于它们各自的理论价值，在全球范围内基本上都被认可。

从财务资产定价角度看，现金流折现模型（DCFM）认为证券资产的价值取决于该证券资产在未来各个时期创造现金流的折现值之和，这具有普遍的现实意义。[1] 它应用于现实资产定价主要有两种思路：一种是考虑对模型分母进行折现因子调整，一种是对模型分子进行调整。在两种思路下测算的价格与证券资产的实际价值可能存在较大偏差，主要在于未来时期的现金流预测存在较高不确定性。此外，分母折现比率大小的选择往往是决策者主观估计的结果，会使得资产价值"失之毫厘，谬以千里"。以上两点原因在很大程度上制约其应用的范围。

资本资产定价模型（CAPM）不同于现金流折现模型（DCFM），它由 Sharpe 于 1964 年最早提出，其重要的数理意义在于利用均值、方差等变量求出极值的思路，构建了基于各种特定风险下的投资资产可行机会集以及另外一个考虑投资者根据无风险资产和风险资产构造的资产组合，从而将证券的超额回报率与其市场组合的平均回报率联系起来，并利用贝塔值来度量单个证券资产与市场组合风险与收益的关系。[2] 但是由于资本资产定价模型（CAPM）是基于信息完全、投资者完全理性、市场的无摩擦性、风险可计量性、投资者为价格接受者等严格的假设前

---

① ［德］于尔根·艾希贝格尔等：《金融经济学》，刘锡良译，西南财经大学出版社 2000年版。

② W. Sharpe and G. Alexander, *Investments*, Prentice-Hall press. 1990.

提下，导致其在现实应用中受到诸多困难。

相对于资本资产定价模型（CAPM）苛刻的理论假设，Ross 基于证券收益与宏观经济中其他因素的联系提出了套利定价模型（APM）。[1]与单因素资本资产定价模型不同的是，套利定价模型是建立在多因素模式下，设立了一定风险水平下实现的无套利条件资产收益率，此时投资者无法获得超额报酬，当某投资组合的预期回报率与定价出现差额时，就会存在套利机会。通过消除这种套利机会，市场达到新的均衡状态。与资本资产定价模型（CAPM）过度依赖于市场组合预期回报率不同，套利定价模型（APM）克服了市场组合预期回报率难以观测的缺陷，引入了多因素模式，任何与影响证券收益的系统因素高度相关的充分分散化的资产组合均可充当基准资产组合，使得对证券趋势的分析判断更容易实现。

在现实应用中，套利定价模型开发出了三种模型：RAM 模型、BARRA 模型、BIRR 模型。RAM 模型是由所罗门公司开发出来的，之所以称为风险归属模型，是因为该模型将关注点集中于那些风险源变量，RAM 模型描述宏观经济环境的风险因素主要包括：长短期债券市场收益率、通胀水平、国际汇率、长期宏观经济增长、短周期商业周期。[2]

BARRA 模型是由全球投资决策支持工具供应商（MSCI）开发出来的，截至 2012 年 7 月 MSCI 还专门针对中国投资市场推出了 BARRA 模型第三代中国模型（CNE5）。BARRA 模型除关注基本面因素对定价因素影响外，还纳入了包括美元指数、失业率、原油价格、通货膨胀率等在内的宏观变量因子。该模型排除风格因子及市场因子，拓展了基本因素模型。MSCI 公司经过 40 多年的积累，目前已经针对单一国家资本市场开发出修正的定价模型，从而能够更有效地帮助分析人员抓住投资机会。

---

① S. Ross, "Arbitrage Theory of Capital Asset Pricing", *Journal of Economic Theory*, No. 13, 1976.

② 范辛婷：《领先因子模型》，《长江证券研究报告》2011 年。

　　BIRR 模型是由 Burmeister、Ibbotson、Roll 和 Ross 四人提出的，不同于前两种模型，它更加关注超预期风险因素对超额投资回报率带来的影响。其中的五种风险分别是信心风险、时间风险、通胀风险、经营周期风险、市场择时风险。[①] 信心风险主要反映投资者信心的超预期变化所引发证券投资标的或者投资组合收益率波动，一般通过公司债券和政府公债息差程度来度量。信心风险程度与资产回报率水平呈正相关关系，即当投资者对未来市场投资信心正向增加时，证券资产及组合收益率也会产生正收益，反之亦然。时间风险主要反映投资者对所持有的头寸收益率与到期时间长度的敏感程度。时间风险程度与证券资产及组合的收益一般为正相关关系，一般通过时间到期长度不同的长短期债券回报率来体现差异，长期的债券收益要高于短期的债券回报率，反映了投资者因为到期日时间长短而要求的回报率差异。通胀风险主要关注证券资产及组合收益率受到未预期的通胀水平的影响。从行业投资回报率来看，多数行业资产收益率与通胀率呈负相关关系，奢侈品行业对通胀水平较为敏感，而日常消费等非周期性行业受到通货膨胀的影响较小。经营周期风险主要关注证券资产及组合收益率对未预期的经济增长速度变动的影响。从实际情况看，大多数行业的投资回报率与经济周期风险水平呈正相关关系。当经济开始进入景气周期时，人们会发现周期性较敏感的零售行业投资表现会好于那些对经营周期不敏感公用事业行业。市场择时风险主要反映的是市场指数超额收益中无法解释前四类风险的部分。市场择时风险给证券资产及组合收益率一般带来正向收益，当其他四类宏观因子对潜在收益率影响为零时，市场择时风险与市场指数收益呈正相关关系，影响程度类似于贝塔值的影响。

　　从以上三类模型的因子变量选择可以看出，它们侧重点各异。RAM 模型更加重视商业周期因素对投资组合的解释，BARRA 模型主要基于宏观经济环境的目标平衡要求，选取的变量主要关注经济增长、物价稳定、就业充分与国际收支平衡目标。这种重视宏观经济基本面的模型其精确性还依赖于对其资本市场个性化特征的把握。BIRR 模型选用的五

[①]　强静：《基于宏观经济因子的利率模型研究》，硕士学位论文，复旦大学，2010 年。

种风险具有一定的主观色彩，考虑市场择时风险等超预期部分解释证券
资产及组合收益率的波动，将各种汇率变化、政策调整、周期变化等通
过市场提前反映，从而其模型预测能力也大大提高。

四　信息不对称博弈理论与股价操纵

1944 年由冯·诺伊曼和摩根斯顿共同撰写的著作《博弈论与经济
行为》标志着系统的博弈理论初步产生，当时的博弈论研究还处于初级
阶段，没有形成统一的分析范式与解概念，开展博弈论的研究还主要是
一些数学家，研究的内容主要围绕行为主体较少的合作博弈和零和博
弈，独立的非合作博弈理论还未形成。博弈论应用研究的一个高潮出现
在 20 世纪 50 年代初，由于"二战"的原因，博弈论在军事方面的应用
使得博弈论研究队伍不断扩展。美国经济学家纳什在 1950 年提出了均
衡点概念，即我们通常所说的纳什均衡。纳什均衡及纳什定理的出现，
使得博弈论扩展到非零和博弈领域，最终成为非合作博弈的奠基性成
果，对博弈论在经济学中的应用起到了重要推动作用。除了纳什的重要
理论贡献外，夏普里提出了合作博弈中"核"一般解概念以及合作博
弈中的"夏普里值"，奥曼在 1959 年提出了"强均衡"概念，从"重
复博弈"引出了"民间定理"，使"焦点"概念在社会经济军事各方面
得以应用，同时进化博弈理论在生物学方面开始萌芽性的研究。1965
年泽尔腾提出了"颤抖手均衡"，并提出用"子博弈完美纳什均衡"对
纳什均衡作完美化精炼的思想，这对动态博弈的发展具有重要意义。海
萨尼在 1967—1968 年的三篇里程碑式论文奠定了不完全信息博弈理论
的基石，其本人因为提出了关于"混合策略"以及"严格纳什均衡"
等理论贡献获得了 1994 年诺贝尔经济学奖。[1]

20 世纪八九十年代博弈论开始走向成熟，这一时期"顺推归纳法"
"序列均衡""完美贝叶斯均衡"等概念被提出，博弈论方法受到经济学
家的广泛重视，并被当作经济问题分析的核心工具。博弈论应用分析
领域涉及产业组织、劳动福利、宏观金融、生态环境，几乎贯穿了所有

---

[1]　Robert Gibbons, *A Premier in Game Theory*, Harvester Wheatsheaf Press, 1992, pp. 70 – 74.

微观经济学领域。对于博弈论的应用，非合作博弈的重要发展方向是不完全信息博弈，第二个重要发展趋势是合作博弈理论。奥曼和谢林获得了2005年诺贝尔经济学奖，预示着合作博弈理论将得到更大的发展。博弈论的第三个方面是实验博弈论的发展。实验经济学由弗农·史密斯在20世纪40年代提出，主要是基于经济学的微观选择要考虑到决策主体心理、偏好、习惯等因素。现代博弈理论对理性基础和有限理性问题的研究，以及博弈论遇到的各种困难，从实验方法出发得出了很多有价值的研究成果。弗农·史密斯和丹尼尔·卡纳曼于2002年获得了诺贝尔经济学奖预示着实验博弈论的发展也会成为博弈理论的重要领域。第四个发展方向是进化或者演化博弈理论，主要是讲博弈论与生物进化理论相结合，利用生物进化模型研究有限理性情况下的人类行为以及相关社会经济问题。随着社会经济的发展很可能会出现更多新的博弈论研究领域和方向，上述几个方面的交叉融合也可能会出现更多的理论和方法。

一个完整的博弈结构包括四个要素：博弈参与人、可采取的策略、策略的先后顺序、得益参数。按照参与人之间是否有约束力条约划分为合作博弈和非合作博弈，基于竞争的市场环境，非合作博弈强调个体最优所以成为应用重点方向。按照参与人采取的策略是否存在先后顺序，可以将博弈分为静态博弈和动态博弈。根据参与人是否掌握其他的博弈主体效用函数和策略集合的信息分为完全信息博弈和不完全信息博弈。将上述后两种分类再两两综合，可以得出四种博弈类型，分别为：完全信息静态博弈、完全信息动态博弈、不完全信息静态博弈和不完全信息动态博弈。

随着第三产业的不断兴起，金融服务业在国民经济中的地位越发重要，金融市场规模不断扩张，各种股票、期货、权证、期权等金融产品不断被开发出来。从博弈结构的构成要素来看，金融市场中有各种博弈参与主体，诸如监管层、投资者、上市公司管理层、各种投融资中介组织，甚至每个主体都可以被再细分为若干博弈主体（监管部门按照权力大小有各级监管机构，投资者按照投资规模有机构、散户之分，公司管理层有内部治理不同微观主体）。在每个经济活动中，不同的利益主体都依赖于自己掌握的知识和信息，按照一定的规则或者程序来做出对自己效用最大化的决策。可以说，金融市场是由无数个博弈结构组成的。

从监管层来看，维护资本市场的"三公"原则、保证资本市场健康稳定发展，是其重要职责。然而监管过程中需要权衡的是监管成本投入与监管效率，监管成本的高低和市场治理的效果也是证监会作为监管机构相机抉择的重要内容。股票投资环节，不同的股票给投资带来的价差收益和股票红利充满不确定性，不同的投资者根据自己掌握的信息试图做出对自己最有利的投资决策，然而资本市场零和博弈的特性注定使得一部分投资者的盈利建立在另一部分投资者错误决策的基础上。从投资者的信息环境来看，投资者获得信息质量、付出的成本和潜在收益也是每个投资者需要面对的问题。信息披露环节，作为信息披露主体的上市公司也要权衡其披露质量与加权资本成本之间的关系。所以，每个决策主体都有自己的策略选择集。这些策略受到资本市场各种法规、规章制度的约束，这些规则包括《公司法》《证券法》《基金法》以及各种证券发行、募集、交易、清算政策法规和条例，这些规章制度的存在构成了各种市场决策主体的行为准则。

在证券投资领域，信息对于众多的博弈主体具有十分重要的意义，因为交易者不仅需要这些信息作为分析、决策判断的依据，而且也是预判推测其他行为主体策略的关键依据，所以信息的准确性、时效性往往成为决策成败的关键因素。资本市场内信息在博弈结构中扮演着十分重要的角色，甚至直接决定着各博弈主体最终的得益参数，所以资本市场的信息收集、信息处理和响应能力要求更高。然而资本市场中存在广泛的信息不对称现象，尤金·法玛将证券市场根据价格反映信息的程度分为三类不同状态：弱式有效市场、半强式有效市场和强式有效市场。在弱式有效市场中，证券价格仅仅反映公司过去的、历史的信息；在半强式有效市场中，证券价格反映所有公开信息，私有信息价值不能得到很好的体现；在强式市场中证券价格反映了历史、现在及未来影响证券现金流入的所有公开和私有信息，消除了信息不对称和利用内幕信息套利的可能，一般认为这种市场状态交易效率较高。

从现实证券市场条件来看，完全信息是很难实现的，这种信息的不完全性与证券市场本身存在的不确定性密切相关。从证券市场的内外部环境来看，政治、经济、监管环境瞬息万变，国际非系统性金融风险普遍存在，这些信息对于单个决策主体来说，是非常重要的，但是这些信息并非公开的，而且供给和流动并非连续的、免费的，注定了某个具体博弈环节信息在决策主体间是不完全的。从投资者信息接收与处理过程来看，其对市场信息的获取也是需要花费成本和需要一定的技能，当然其他交易者的交易策略等信息本身就是私有信息很难获取，而且同一时间市场中充斥着各种来源的信息，信息真伪难辨，如果没有掌握足够的专业知识，则很难正确地对各种信息进行加工、辨别与利用。即使是专业的机构投资者，面对着经济系统的非线性世界和情绪难以琢磨的投资群体也很难做出完全正确的投资决策，所以从投资者自身及外部环境来看，证券市场存在的各种博弈是不完全信息博弈。

在不完全信息市场环境中投资者的信息地位也存在显著差异。在庄家机构参与股票操纵过程中，一般庄家机构会利用市场中特殊渠道提前获得那些对投资标的潜在基本面价值有很大影响的诸如资产重组、业绩重大改善等重大利好信息，而很多中小投资者信息获取渠道相对狭窄，往往等这些重大信息公布后才发现投资对象的预期投资价值变化，明显处于滞后弱势地位。在证券交易过程中，拥有资金、信息、技术优势的操纵者会给噪声交易者制造各种困难，使得他们对信息的理解出现偏差，做出误判，从而使操纵者通过这种信息优势地位获得了超额收益，而那些噪声交易者则会在投资过程中因为犯各种错误而遭受损失。从市场整体交易过程来看，信息披露机制和市场交易规则合法性保障不足，导致了证券交易过程中出现各种道德风险与逆向选择，损害了一批中小股东的利益，导致财富分配过程的不合理。

通过以上分析可知，相对于其他商品市场而言，证券市场中也广泛存在各种信息不对称、信息资金垄断优势等现象，而且这些现状会导致证券交易过程中出现虚拟价格扭曲、市场交易效率低下、资源配置不合理、财富流动不合理等现象。回归证券资产定价本源，证券的价格取决于其未来现金流入的贴现值，未来的种种不确定性使得市场交易过程中的信息价值得以放大，在我国现阶段发展还不够成熟的资本市场环境中，信息失灵现象的发生可能更为普遍，造成的负面社会、经济后果也更加严重。从 20 世纪 50 年代以来，各种机制设计使得博弈论的理论价值得以彰显，在信息不对称的证券市场，将博弈理论应用到股价操纵过程中，势必会得出有价值的研究结论，为实现市场的规范治理带来可能。

五　市场微观结构理论与股价操纵

定价机制问题是资本市场问题研究的重要内容，随着美国学者德姆塞茨关于"交易成本"论文的发表，标志着市场微观结构理论的诞生。市场微观结构理论的提出，突破以往的资产价格交易的"黑箱"，使得人们再次认识到现实市场中的信息不对称、交易成本的无法忽略、摩擦对资本市场交易质量的提升以及投资者的交易模式产生深远的影响。① 市场微观结构理论主要研究在确定交易规则下资产交易的过程和结果。在关于交易机制的众多经济理论中，市场微观结构理论分析的是特定交易机制如何影响价格的形成过程。特别是自 1987 年以来，各种市场危机的产生、流动性缺失下众多学者开始致力于揭示长期被认为是经济学黑箱的价格形成机制，这个问题的研究将有助于理解经济是如何来分配商品和服务的。由于市场微观结构理论以金融市场为基础，这就加深了我们对金融资产回报以及市场有效性过程的理解，特别是对市场数据的隐含信息以及这些信息转化成价格的学习过程。早期的市场微观结构理论侧重于研究供给与需求的随机性，而后期的工作则侧重于价格与市场的信息集成性。

市场微观结构理论对经济学的贡献大致可以分为三个部分：基于交易成本的存货模型、基于信息不对称的信息模型、流动性与交易机制模型。在第一个模型中，以德姆塞茨为代表的研究成果关注市场买卖价格微观特性，这种构想源自于经济主体行为最优化的假定。这种处理方式有两点好处：首先，价格是由某一具体的人或者机制来决定，研究价格的行为就变成了研究某一具体的人或者机构的行为。瓦尔拉斯均衡的

---

① M. O'Hara, *Market Microstructure Theory*, Blackwell Publishers Ltd, 1995, pp. 100 – 105.

标准逼近和它的发展并没有对均衡价格的形成做出解释，研究微观结构可以使得人们将市场行为看作是单个交易者行为的集合。在决策条件发生变化的条件下，单个交易者有能力预测价格的变化。在存货模型中，各种模型的价差来自于做市商的买家和卖家。对于这一现象的解释从"市场失败""市场力量"到与交易成本相联系的"代理商风险厌恶"和"引力拉动"理论。这些分歧反映了价格决定问题的多个方面，并且至少从某种程度上表明这些因素都对市场价差有影响。尽管不同的方法存在着一定的差异，但是基于存货模型的研究有一些共性。在存货模型中，特约交易商面对一个复杂的平衡问题，他必须及时调整委托单流入和流出的随机偏差，这些偏差被认为与股票的未来价值无关，但在短期内却决定着市场的行为。从长期来看，假设代理商能够调整其存货头寸和价格，则委托单的随机流入和流出是无关紧要的。结果代理商对价格的影响是暂时的，当委托单流达到平衡时，价格最终将回复到真实水平。在存货模型研究过程中，一个重要的问题就是关于代理商的首选存货头寸。正如有的学者假设，代理商只是进行一系列简单操作，将其存货头寸维持在某一个特定的水平上。如果是这样的，则存货将会是均值复位的，代理商的存货控制将导致证券价格的序列相关性。但是这种理想的存货水平如何并不清楚，同时也不知道改变这种水平的因素。另外，如果假设代理商能够在股票市场中进行投机，那么从长远来看，这种首选水平也未必是稳定的。存货模型研究过程中，对于委托单泊松过程的简化处理，使得研究结论的一般性和通用性不够理想。在实证研究中，由于市场结构和数据来源的差异使得存货模型的检验存在一定的困难。

存货模型分析方法对于研究市场价格行为提供了一些重要的观点，但是该类模型暗含一个这样的假设，买卖价差是由交易成本决定。然而美国学者白之浩认为，信息对价格的影响相对于交易成本来说更为重要。他提出的信息模型从逆向选择理论的角度说明了在没有显性交易成本的竞争市场上的价差是如何产生的。[1] 信息模型的分析起源于市场收

---

[1]　W. Bagehot, "The Only Game in Town", *Financial Analysis Journal*, No. 27, 1971.

益和交易收益两个不同的概念。市场收益是指在市场价格上涨的情况下，大部分投资者都能获得的收益，反之市场下跌就是亏损。由于在一段时间后，价格既可能上涨，也可能下跌，人们也许可以期望投资者能够公平竞争并获得一个平均的市场回报率。交易收益是指在一段时间后，信息成本的存在会使得投资者的平均收益要低于市场收益。

产生信息损失的原因在于市场中存在拥有更多信息的交易商，尤其是参与所有交易的做市商，他们知道有些交易商比自己拥有更多的信息。当知情交易商获知股票价位过低时就买进，过高时则卖出。知情交易商还有不进行交易的权利，而不像做市商，总是必须报出一定的价格进行买卖。所以，做市商深知与知情交易商交易时总是会吃亏，为了保持支付能力，他必须用与不知情交易商交易的利润来弥补亏损，而这些理论来自于买卖价差。价差是反映做市商对知情交易商的亏损和对不知情交易商的盈余的一个平衡，这个观点从一个基本的角度对做市行为进行了描述。当然，存货及交易成本无疑是影响价格的因素，但是信息成本也会影响价格。

基于信息成本的概念，美国学者科普兰建立了在部分交易商拥有较多信息情况下做市定价问题的单期模型。他们提出了两个迥然不同的方法来考察买卖价差。[①] 第一个方法是假定有一个风险中性的代理商制定买卖价格以使得预期利润最大化；第二个方法是把买卖价格视为由代理商向交易商给出的买入和卖出期权。通过构建模型推导出，做市商能够根据交易商交易的预期盈亏，并可以明确计算，从而影响价差的大小和定位。而且该模型阐述了计算盈亏需要指导的因素：知情和不知情交易商的交易概率、股票的随机行为和交易商的需求弹性。事实上，对弹性的关注是早期 Demsetz 分析的核心。从该模型得出的最重要结论是，即使是对风险中性的完全竞争市场的代理商，也会产生价差。价差的大小随市场参数的变动而不同，尤其受交易商需求弹性、知情及不知情交易商人数等的影响。然而，只要知情交易概率为正，价差就不会为零。因

---

① T. Copeland and D. Galai, "Information Effects and the Bid-ask Spread", *Journal of Political economy*, No. 38, 1983.

此，即使不存在风险厌恶、做市商市场力量和存货效应，市场价差仍将存在。当信息不对称时，委托单流的性质对代理商来说不再是外生的，而是交易本身就能传递信息。再者，知情交易商的持续交易本身就至少为不知情的市场参与者推测隐含消息提供了可能，从而交易可能成为信息的"信号"。

在一个竞争市场中，知情机构的交易将反映出其所获的信息，包括他们获知坏信息而卖出或者因为好消息而买进。因此，如果有人想要做市商卖出资产，可能表明交易商得知了坏消息。当然，也可能意味着交易商一无所知而仅仅是出于自身流动性需求做出的。既然做市商无法判明是何种情形，其将基于交易发生的类型来调整其对股价价值的预期来进行自我保护。因此，当做市商接受交易时，其对资产价值的预期发生变化，并由此导致其价格发生变化。经过一段时间之后，知情交易商的交易对市场的影响导致做市商也获知了他们的信息。当获知此信息后，价格收敛于资产预期价值。在此前的研究中，委托单流的外生性和资产价值的不确定性说明，做市商的决策问题本质上就是一段时间内制定价格以平衡风险。最终市场价格反映了这些外生参数以及做市商的偏好或市场力量。但是现在，有能力获取市场信息意味着价格路径不再是独立于资产真实价值的私人信息。定价与内在资产价值的联系意味着将信息引入价格决定的过程是可以实现的。

一般认为，价格行为和市场活力取决于交易机制和买卖方交易意愿的能力。市场流动性被认为是市场行为的一个重要决定因素。尽管现在我们普遍将好的市场性质归功于流动性，但是这种观点并非总是成立。凯恩斯在传统金融学理论中认为人们迷信地认为投资机构将其财富投资于具有流动性的证券是有百利而无一害。这种观点反映了通常投资者对流动性黑暗面的无视。流动性或者说是无成本交易能力，也许对个人有好处，但是同时他允许甚至鼓励投资者离开市场，从而给市场增加了成本。

单个投资者从流动性中获益是不争的事实。流动性好的市场通常被认为能够提供交易但对价格影响较小的市场。从这一角度出发，更好的流动性指标是买卖价差，市场具有较小的价差被认为是最有流动性的。

如果价格随着交易量的大小发生变化，那么大额交易的价差可能比小额交易的价差要大得多。另外，有人认为价差并不是在任何情况下都是流动性的有效度量。在流动的市场上，如果不连续地交易，那么至少按照某种频率进行交易而不对价格产生过度影响是可能的。如果交易以后价格发生变动，那么相对于买价和卖价来说，价格的调整将提供一个对交易成本（即非流动性）更加准确的反映。这种关于流动性的观点涉及时间序列维度，明显区别于同价差相联系的截面特性。

市场流动性的高低与市场效率密切相关，市场效率的定义一般集中在交易机制中价格能够最终反映全部信息这一点上。但是，在此前的任一点，如果价格反映了全部公开信息，那么一般来说价格至少是半强有效的。对于知情与非知情可能同时满足该条件，但是价格向完全信息水平移动的速度可能却有很大差异。如果信息的引入速度是重要的，有利于此的因素导致的市场行为并不如所期望的那样明显。另外，价格调整的速度取决于信息性交易的程度，信息性交易越大，引入信息的速度就越快。但是信息收集和信息性交易规模显然取决于这些活动的收益，而这些又转化为不知情交易商的损失。因此，减少不知情交易商交易成本和提高价格有效性两个目标存在冲突。

解决这一问题的方法是从长期角度考察市场效率如何影响社会总收益，对于两者之间的联系是市场微观结构理论研究的重要方向。因为市场效率减少了公司的资本成本，这似乎直接有利于社会总福利的提升。如果市场价格能够更快、更准确地反映资产的真实价值，那么可以认为资本的分配将能够更好地反映其最佳作用。但是我们对最优市场效率的计算方法并不很清楚，因为这取决于不知情交易商的损失和市场参与之间的平衡。同时，市场微观结构理论没有很好地建立市场和经济行为之间的一般均衡关系，因此市场的最优设计还有待于进一步研究。

第二节　概念界定

一　交易型操纵

我国《刑法》第 182 条规定，操纵证券、期货市场罪，是指以获取不正当利益或者转嫁风险为目的，集中资金优势、持股或者持仓优势或者利用信息优势联合或者连续买卖，与他人串通相互进行证券、期货交易，自买自卖期货合约，操纵证券、期货市场交易量、交易价格，制造证券、期货市场假象，诱导或者致使投资者在不了解事实真相的情况下做出准确投资决定，扰乱证券、期货市场秩序的行为。一般认为从 Hart 开始很多学者关注股价操纵问题，之后国外学者取得了一批有影响力的成果，在这些研究成果中艾伦和盖尔影响较大，他们把股价操纵分为三种类型：信息型、行为型、交易型。①

在信息型操纵过程中，操纵者往往通过散发、传播错误或者对股票未来盈利预期有重大影响的信息来吸引处于信息弱势的一般交易者（散户投资者），使其做出错误的买卖决策，而操纵者在此过程中实现高抛低吸来获利。1993 年的苏三山案件中，李定兴通过编造所谓北海投资公司收购苏三山虚假消息使得其股价出现连续上涨，获取巨额利益；2007 年的杭萧钢构案件中，因为公司承接 300 亿元建设大单消息，股价一路飙升，在 3 个月左右的时间股价暴涨 10 倍左右。信息型操纵随着监管力度的加大，操纵手法变得愈发隐蔽，往往形成了内幕交易。② 内幕交易一般是指在证券交易过程中，操纵者利用一些重大的涉及公司经营而尚未公开的信息，并与公司内幕交易人员合谋，一般通过重大利好消息冲击，配合二级市场交易氛围，达到获取操纵利润的目的。③ 从我国证券交易信息治理环境看，制造和传播虚假公司经营、财务信息容易被监管机构发现，而利用内部消息被识别和查处难度较大，监管机构立案诉讼环节面临诸多困难，所以很多股价操纵或多或少与内幕信息有关。同时操纵者也依靠非正规渠道（网络媒体等）传播"小道消息"，达到误导投资者的目的。在证券市场中，有关公司基本面或者技术面的信息都会影响股价的波动。股价变动是集合信息的综合反映，也是投资者多空心态的反映。如果市场信息处于完全对称条件，那么将会无人能

---

① 周春生等：《中国股票市场交易型的价格操纵研究》，《经济研究》2005 年第 10 期。

② 陈国辉：《公司治理信息披露质量与知情交易》，《审计与经济研究》2015 年第 5 期。

③ 谭劲松：《公司透明度的决定因素——基于代理理论和信号理论的经验研究》，《会计研究》2010 年第 4 期。

通过信息来达到操纵股价的目的，因为所有投资者对于股票信息的质量与获得速度相同，他们对于未来的涨跌预期将会高度一致。现实中的操纵更多是基于资本市场存在大量的非对称现象，公司高管与投资者，知情交易者与非知情交易者，监管层与知情交易者等，特别是我国资本市场信息披露环境和制度建设相对于西方国家较为薄弱，很多操纵者往往利用私有信息来获取暴利。

行为型操纵主要是操纵者通过一系列行为快速改变资产的预期价值或者投资者集体可预知的价值发生变化，一般与公司资产重组、资产注入、资产并购等活动密切有关。[①] 行为操纵者已经提前获知或者准备亲自公布相关并购计划，而此时其他公众投资者并不知晓，操纵者会在重大利好消息公布之前买进低价位筹码，等仓位布局完毕，持股的公司会向社会公开这些消息，操纵者通过私有信息的公布达到操纵市场的目的。从我国市场操纵实际情况来看，行为操纵者的目的并不是改变相关资产的价格，而是旨在通过一系列行为达到拉高股价、获取操纵利润的目的。一旦利好消息兑现，操纵者筹码脱手后，股价很快会下跌，甚至跌回至原来股价水平。整个行为型操纵过程与投资者情绪也密切相关，在利好消息公布后，公众投资者情绪高涨，市场集体看多乃至非理性狂热，资产价值很快偏离其基本价值。在行为型操纵过程中，操纵者没有利用虚假或错误的信息来误导投资者，也没有采用任何可观测到的改变股票价值的行为。这种操纵行为由 Allen 和 Gale 于 1992 年首次提出，并在之后成为操纵研究的重点。行为型操纵在我国证券市场上也是多次出现，2008 年 ST 金泰因为有股东并购传闻，连续 42 个交易日涨停，获利幅度也在 600% 以上；2007 年中关村也因为受到大股东资产注入传闻，股价也迅速上涨 400% 以上。A 股市场上形成了两个概念板块：一个是整体上市概念板块，一个是并购重组板块。这两个板块中的两三百家上市公司都曾受到投资者的广泛关注，其中不乏行为型操纵。

在交易型操纵中，顺利实现操纵的前提是市场中存在一定数量的跟

---

① 周春生等：《行为型操纵》，《金融研究》2010 年第 1 期。

风投资者，交易操纵者并不会发布各种虚假消息，也不会通过逼空、囤积的手法，而只是单纯通过交易，引发投资者的正反馈，获得投资价差收益，从而完成对股价操纵的目的。在市场信息非对称条件下，某一只股票交易过程中，如果市场跟风投资者认为该股票中存在较多的内部交易时，会引发投资者跟风买入，从而操纵者很容易实现股价拉升并完成操纵获利。① 在证券史上出现的交易型操纵大概有洗售、对敲、拉高出货、扎空、挤榨、安定操作等手段，不同的操纵者可能会采用一种或者几种组合来完成操纵。② 所谓洗售主要是指以自己账户进行价格相近而方向相反的交易，制造个股交投活跃假象，引发市场投资者跟风效应而实际上并没有转移股票所有权的行为。洗售方式的操纵是一种较为常见的操纵手法，在中国证监会立案查处的市场操纵行为中，2014 年 18 起操纵案例中有 10 次出现了洗售。

除了洗售之外，在查处的 18 起案件中还发现有 4 起股价操纵案件采取了对敲方式。一般认为，对敲是指众多操纵的交易者联合起来，在实际交易过程中，采取以相同或者相近的价格同时在不同的交易地点，利用多个账户进行自买自卖，营造被操纵股票交投活跃假象。在我国证券市场上，很多巨幅拉升的股票都是众多"庄家"操纵行为导致的，这种方式也是我国证券市场中存在的重要的操纵方式。

拉高出货是指操纵者通过利用自身资金优势快速实现股票报价的提高，并且利用跟风者普遍存在的处置效应，在股价较高位实现股票筹码的派发，也是获取巨额操纵收益的重要方式。拉高的实现与操纵者的资金优势有密切关系，一般是操纵者在实现了低位筹码的收集之后，会利用连续交易，通过多个账户密集买入被操纵的股票，使得股价出现短期快速上涨。出货主要是操纵者通过对跟风者的利用，在股价拉升至较高位置时实现换手，达到兑现操纵利润的目的。

扎空是指在证券市场上，特别是存在衍生交易品种时，操纵者通过对某种衍生合约及基础资产进行控制，获得足够充分的控制性资产。

---

① 赵涛等：《信息不对称与机构操纵》，《经济研究》2002 年第 7 期。

② 邹小山：《中国股票市场价格操纵研究》，博士学位论文，暨南大学，2005 年。

例如，在卖空交易机制下，操纵者在集聚了足够的控制性头寸后，如果此时市场进入合约时间，则看空方被迫从操纵者多方处购买相应的资产，而此时市场上可获得的头寸标的往往价格较高。在我国证券市场出现了股指期货交易以后，这种交割效应也很可能会被操纵者利用。

挤榨是指当某只股票出现短缺时，通过制造或者散布各种虚假信息以达到控制对某只股票的集合需求，特别是借助于非正式信息传播渠道，利用带有欺骗性的信息，误导公众投资者。这些信息主要涉及公司基本面的重大改善等信息，极大地改变了投资者的投资预期，而最终这些信息类似于"画饼充饥"，无法落实到真实的财务基本面上。这种操纵手法的重要载体是非正式渠道的虚假信息。

安定操作主要是指操纵者在股价达到一定水平后，单独或者联合其他"庄家"实施主要为了稳定股价的交易行为。虽然安定操作与市场的基本面状况有很大关系，特别是一只股票的价格已经远远不能被其基本面支持的时候，股价有较强的下降动力，但是操纵者尚未完成筹码的派发，所以操纵者会根据市场氛围进行连续买卖旨在稳定股票价格。这种操纵手段不同于前面几种手段，其主要操纵直接目的是维持股价稳定，而不是以直接提高获利水平为目的。

此外，还有的操纵者利用我国证券市场交易机制中的缺陷来完成操纵。例如，在A股市场的交易机制中还存在涨跌幅限制、开收盘价形成等经常被操纵者利用的交易机制。涨跌幅限制主要是指单个股票涨跌停为前一交易日的正负10%为限（ST类股票以正负5%为限），这种限制往往被操纵者在诱多时经常利用。在2001年之前，某只股票的收盘价是由截至收盘时的最后单笔交易决定，这样操纵者很可能在收盘时突然拉高股价，从而改变盘面交易真实情况。如果某种证券被操纵，操纵者可能会利用最后一笔交易抬高该证券的价格，从而影响该证券的收盘价格。从现实的股价操纵过程来看，虽然有过多种方式，但是基本上都是以上形式的组合。对于监管方而言，操纵者如果采用多种混合操纵策略，则势必会加大查处和识别的难度。

结合前人研究，本书认为随着投资市场的不断成熟，交易型操纵中操作手法错综复杂，加上操纵者拥有信息渠道、资金、专业知识等优势，能够逃避监管方的监管，使得操纵成功可能性大大提高。简单依赖于洗售、对敲等手段来实现交易操纵的方式往往使得跟风投资者和精明的套利投资者容易发现操纵迹象，也容易被监管部门察觉，所以现实中的交易型操纵，为了提高操纵成功率，往往属于混合信息型操纵。其利用一些内幕消息，使得跟风投资者在处于信息劣势时买入，或者使对消息缺乏明显识别能力而仅依靠盘口技术特征买卖的投资者跟风买入，这样使得股票在一致利好消息配合下，所有投资者看多买入，进而使操纵者实现交易型操纵。结合资本资产定价理论，本书将脱离定价基本面，而溢价幅度明显超过市场平均水平的交易行为称为交易型操纵行为。

二 操纵期间

操纵期间的认定对研究对象样本选择以及研究结论正确性有很大影响，但是不同股票价格的操纵由于操纵者实施的差异使得在不同时间维度上会体现出较大差异。周梅生等人对中国证监会自1994年以来公布的27起股价操纵案例研究发现，有的股票操纵事件周期长的达到4年，最短的只有2天，中位数为171天，平均天数为322天。从被操纵股票的股价走势中，他们将股价操纵的周期分为操纵前期、建仓期、抛盘期和操纵后期四个阶段，操纵开始和结束时点的划分标准以中国证监会查处公告日或者法院判决日为准，操纵前及操纵后的研究时间长度都取半年。仔细分析，以上研究可能存在三个方面的问题：一是操纵起始点或者结束点以查处公告为准，似乎与现实相去甚远，因为从股票交易的现状可以看出，很多股票是在出现股价非理性急涨之后才被停牌立案的，而实际上这时操纵已经进行到了中期甚至已经完成了，所以这样选择股价操纵开始点会出现明显的滞后，给研究的结论效度带来负面影响。二是操纵前后的研究长度都取为半年与实际被操纵的股票真实时点有出入。如果这两个起始点时期划分不准确则势必会影响建仓期与拉升出货期的时间划分，从而导致错误的分析结论。三是由于操纵时点的划分会使得不同被操纵股票之间的价格走势缺乏相关性，这样在测算日汇报、累计收益以及换手率变量时会出现偏差。

　　实际上，由于操纵的隐蔽性和操纵手法的复杂性，确实给研究带来了困难。本书对于操纵研究的期间主要结合庄家理论，以及证券投资技术分析指标进行选择。麻道明认为庄家即股价操纵者，其最终目标是获得最大可能的利润或者暴利。狭义的庄家主要是指一些机构或者个人凭借一定的信息或者资本优势，通过完成股价操纵交易，实现风险与筹码的转嫁，以获取利润为目的。广义的庄家主要是指具备一定资金实力的机构或者个人，在较低位价格介入某只与若干只股票，通过一段时间运作后产生了足够的利润差额后而退出的机构与个人。庄家操纵股票一般要经历：庄前准备、建仓、试盘、调整、初升、洗盘、拉升、出货、反弹、砸盘等阶段，当然不同的股票在是否完全具备以上环节方面也存在差异。① 结合证券投资分析技术，本书对操纵期间的选择主要结合 KDJ 及 SAR 指标。② KDJ 指标是常用的投资技术指标之一，因为其综合了动量观念、强弱指标及移动平均线的优点，早年被广泛运用在期货投资方面，功能颇为显著，之后成为股市中最常用的指标之一。通常认为，结合 K、D 取值，当 K 线由右边向下交叉 D 线而呈现死亡交叉时应做卖，K 线由右边向上交叉 D 值而呈现黄金交叉时应做买，当高档连续两次向下交叉确认跌势，低档两次向上交叉确认升势。同时 D、J 值还具有判断超买超卖的功能，当然如果 K、D 值在 50% 徘徊或者交叉时，一般没有明显指标意义，对于投机性太强的个股也不太适用。通过观察 K、D 值同股价的背离，可以确认高低点。SAR 指标主要为动态停损指标，当该指标显示由红色变成绿色时，为卖出参考；当某只股票由绿色显示为红色时，为买入参考。任何价格涨跌的速度必须比 SAR 指标升降的速度要快，否则可能会产生停损信号。一般该指标的参数周期设定为 4。

---

　　① 麻道明：《庄家克星：职业操盘手解析庄家操盘全过程》，经济管理出版社 2014 年版，第 20—45 页。
　　② ［美］罗伯特·D. 爱德华兹：《股市趋势技术分析》，郑学勤译，机械工业出版社 2010 年版。

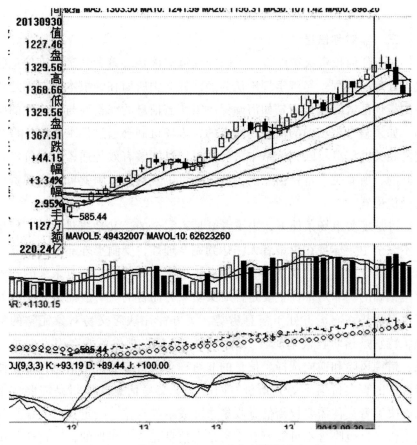

图 1 - 1 基于 KDJ 及 SAR 指标的操纵期间选择

从创业板指数的周 K 线上可以看出，2012 年 12 月 7 日这一周的 K 线出现了阶段性的最低点，KDJ 周线指标上也出现了一个向上的黄金交叉，SAR 指标也出现了由绿到红的切换，自此开始了创业板指数的快速拉升阶段。2013 年 9 月 30 日，KDJ 周线指标出现高位钝化下拐，均线上出现日均线走弱的迹象（2013 年 10 月的第一周变现为一根阳十字星，为了保证研究周期的完整性，故选择到 2013 年 9 月 30 日）。从庄家理论可以认定，2012 年 12 月 7 日到 2013 年 9 月 30 日为操纵拉升期间，所以后续的研究将该段期间定义为股价操纵期间。

三　非对称信息

对于任何投资决策而言，正确的决策应该是决策者基于正确信息收集与处理的过程。经济学理论认为经济社会中所面临的根本问题不是资源的最优配置问题，而是如何确保决策所需信息的完整性与准确性的问题。如果整个市场中的消息是完全的，市场机制会通过供求机制，将与交易相关的信息反映到价格中去。如果信息能够有效传递，那么价格是公开的，所有关心价格信息的决策者都可以观察到，则就可以实现资产的最优配置。①

可是现实市场条件下，决策者既是不完全的，又是非对称的。信息的不完全主要体现在决策者无法达到完全理性，受制于外部环境的复杂性与不确定性，无法获得所有的信息，也无法保证所有针对未来的预测都是正确的。非对称性主要是针对买卖双方而言的。一般而言，卖方处于信息优势，而买方处于信息劣势，买方往往缺乏交易对象完整的信息，特别是预期收益率能否实现。由于信息非对称可能会引发两类后果：道德风险和逆向选择。信息的非对称会使得市场价格信息扭曲，使得资产的真实价值不等于市价。同时由于交易信息的取得是需要成本的，决策者往往需要权衡信息收集边际成本与收益来决定自己的信息收集工作，这也隐含不可能所有交易是在信息完全下实现的，这也使得市场价格不能反映所有信息。

从股票市场来看，股票价格反映速度与信息传递速度是表明市场状态有效性的重要维度。在股票市场中，如果新消息能够充分反映到股票价格调整中，那么可以认为股票市场是有效的。市场效率越高，则股票价格调整越快，所以可以说研究市场有效性就是研究市场行为与信息的关系。在股票交易过程中，市场价格本身就蕴含着丰富的信息内涵，因为每个投资者都将交易时的价格作为一个参考点。然而价格又不具备充分信息内涵，因为如果信息是充分的，决策者就不会花时间、经济成本

---

① 柏子敏：《提高会计信息质量的理性思考：一般分析框架》，《经济问题》2007 年第 1 期。

去获得更多新信息。市场价格本身包含了自我崩溃的可能，股票市场上存在的噪声交易和流动性投资者发挥了组织价格崩溃的作用，使得价格因素不具备作为终值的充分信息内涵，所以说，在一定程度上证券市场的存在也是信息不完全与信息非对称的结果。

非对称信息按照生成因素可分为两类：外生的非对称信息与内生的非对称信息。"外生的非对称信息"即不是交易人或市场各类参与者造成者，而是自然状态所具有的特性，是经济环境所带来的信息分布状况，具有一定的客观性。"内生的非对称信息"则发生于契约签订，信息在契约双方、契约签订者与外部人士之间呈不对称分布。按照非对称信息发生的内容可分为两类：隐藏行动（hidden actions）的非对称信息和隐藏知识（hidden knowledge）的非对称信息。[①] 前者指的是某种行为的信息只为当事人或签约人知道，而局外人没有经历，也观察不到；后者指的是签约一方对另一方的知识、特点和境况等不了解，或者是签约双方对影响契约的知识储备不同。按照非对称信息发生时间分为事前（ex-ante）的非对称信息和事后（ex-post）的非对称信息。事前、事后指的是签约一事的前与后，即在签约前的不对称分布叫事前的非对称信息，在签约后的不对称分布叫事后的非对称信息。非对称信息是契约理论的核心概念，而现代契约理论的精华在模型。当综合考虑时间和内容两个标准时，非对称信息分为四种：签约前发生的隐藏信息模型、签约前发生的隐藏行动模型、签约后发生的隐藏信息模型、签约后发生的隐藏行动模型。

第三节　文献回顾

一　创业板相关的主要研究方向与成果

创业板的研究截止到2016年，国内学者的研究主要分为三个方面：一是创业板市场发行时产生的IPO抑价。由于我国创业板推出时间较

---

① 蓝文永：《基于投资者保护的信息披露机制研究》，博士学位论文，西南财经大学，2009年。

短，相关的噪声资产定价研究还不多见，主要的创业板文献集中于对 IPO 抑价方面的研究。于晓红研究发现创业板公司内在价值、投资者情绪两方面对创业板 IPO 抑价有显著影响，公司治理也对 IPO 抑价有显著影响，但上市公司所属行业对 IPO 抑价影响并不明显。① 蔡昌达立足于刚启动半年的创业板市场数据，通过回归分析探索影响 IPO 抑价的主要因素，并与主板市场的结论相对比，研究结果表明，创业板市场和主板市场的 IPO 抑价影响因素基本一致，但创业板市场上的发行价格和市盈率均失去解释能力，且非流通股比例与初始收益率负相关而其系数并不显著。② 要控制 IPO 抑价应积极推行市场化改革，提高投资者投资水平。雷星晖认为 IPO 高抑价是创业板市场的显著特征之一。他从公司治理的视角，运用信息不对称和信号理论分析创始人、创业投资与创业板 IPO 抑价之间的关系，并进行实证研究。其研究表明，创始人通过持股数量和兼任 CEO 具有一定的信号传递作用，降低了 IPO 抑价，而创业投资降低 IPO 抑价的作用并不显著。创业投资都具有低价发行保证上市成功的动机，创业投资存在"只求上市，不求成长"的现象。③ 逯东关注创业板公司上市在上市前后有没有发生明显的业绩变化，重点考察政治关联因素对上市公司的影响，研究发现政治关联因素对公司的研发创新及未来的业绩均为负向作用，揭示政治关联下创业板公司的资源配置效率普遍低下。④

二是对上市公司创新特征、成长性和风险性的关注。周运兰研究认为随着我国创业板市场的开通，到 2010 年已经有几十家公司上市，且都以高成长性著称，在首次新股发行时，其抑价及相关方面等具有有别于其他市场的特征。通过结合创业板 IPO 的抑价率、市盈率、中签率、发行价、每股收益、发行规模等方面，该文对其进行了统计性

---

① 于晓红：《公司内在价值、投资者情绪与 IPO 抑价》，《中央财经大学学报》2013 年第 1 期。
② 蔡昌达：《IPO 抑价因素的实证分析：基于创业板视角》，《经济经纬》2011 年第 1 期。
③ 雷星晖：《创始人、创业投资与创业板 IPO 抑价》，《证券市场导报》2011 年第 3 期。
④ 逯东：《创业板公司上市后为何业绩变脸》，《经济研究》2015 年第 2 期。

描述与比较，从理论和实证方面分析了创业板 IPO 抑价及其影响因素。[①] 董耀武等人针对我国创业板上市的高科技公司价值特征、募股资金投资项目的高风险性及 IPO 高抑价现象，首先以或有期权及无套利规则为基础建立高科技公司多阶段投资项目的复合期权价值评估模型，然后利用蒙特卡罗模拟方法对模型做动态模拟，得到基于实物期权方法的 IPO 价格。同时，考虑到噪声交易，该文结合基于噪声动量指数进行 IPO 定价，推导出适合我国创业板高科技公司 IPO 估值的询价区间，最后进行案例计算及分析。[②] 从已发行的创业板公司股票的二级市场表现来看，该定价区间是合理并切实可行的。杨敏借助于 DEA 极化模型对 354 家创业板上市公司的创新效率进行研究，发现行业创新结构存在结构性失衡，创新效率普遍不高，电视、广播等信息技术行业的研发产出效率较高。[③]

三是关注创业板上市公司的信息披露和信息风险与其板块抑价产生的内在机理研究。黄俊研究发现，媒体公开信息会显著提高创业板公司首发抑价，而且还发现即使是对公司中性报道，IPO 抑价也会与报道数量呈正相关关系。[④] 张雅慧以创业板开板以来至 2011 年 4 月底的所有创业板 IPO 公司为研究样本，发现在控制样本自选择偏差后，招股公告日至上市日之间的短期媒体报道与 IPO 抑价和首日换手率均呈显著的正相关关系，符合投资者情绪假说；而招股公告日前一年的长期媒体报道与 IPO 抑价也呈显著正相关关系，但是和首日换手率之间的关系并不显著，信息不对称假说未得到支持。该文认为信息不对称假说未得到支持可能与市场以情绪投资为主、忽视价值投资的现象有关。[⑤] 陈德萍以创业板公司为研究对象，通过建立资本结构与企业绩效的联立方程模型，应用广义矩估计法对联立方程进行估计研究，考察创业板上市企业资本结构与

① 周运兰：《创业板与中小板 IPO 抑价影响因素》，《商业研究》2010 年第 1 期。
② 董耀武等：《创业板高科技公司 IPO 研究》，《证券市场导报》2011 年第 4 期。
③ 杨敏：《异质行业下企业创新效率的可比测度》，《软科学》2015 年第 7 期。
④ 黄俊等：《媒体报道与 IPO 抑价——来自创业板的经验证据》，《管理科学学报》2013 年第 2 期。
⑤ 张雅慧：《媒体报道与 IPO 绩效：信息不对称还是投资者情绪》，《证券市场导报》2012 年第 1 期。

企业绩效之间的互动关系。该研究结果表明，资本结构与企业绩效确实存在互动关系，在企业绩效中资本结构、成长能力、股权集中度、董事会兼任经理人和企业规模都对其有显著影响，而在资本结构中营利性、成长能力、偿债能力、资产担保价值和企业规模五个因素对企业资本结构选择具有显著影响。[①] 汪海粟选择我国创业板市场为研究对象，以上市公司风险披露存在的个体化差异为切入点，分析创业板上市公司的风险披露现状，进一步发现存在信息收集处理规范性不强、披露内容缺乏现实指导性意义等问题，并提出统一风险披露要素口径、规范量化披露对象、建立企业风险自我识别模式等一系列应对建议。[②] 郭葆春结合创业板信息披露无形资产价值、关联方交易、募集资金使用等现状，提出了要创业板上市公司信息质量评价和监督机制，为投资者提供更多的公司特质信息。[③]

二　关于股价操纵影响变量及特征的研究

股票价格操纵主要是指人为扭曲资产交易价格并从中牟利，对于操纵事件的代表性研究成果有：艾伦和盖尔在其经典论文中，将市场操纵行分为基于交易的操纵、基于信息的操纵和基于行为的操纵三种形式，从理论角度分析了即使在交易过程中存在信息不对称的情况，非知情交易者也可以通过模仿知情交易者来获利，并探讨了股票被操纵后在价格、流动性、波动率方面的特征，进一步发现股票价格在操纵初期会出现巨幅上涨，在操纵结束后股价会出现快速下跌。这种行为的后果对于资本市场资源配置功能的发挥会产生负面作用。[④]

从价格操纵产生的后果来看，超额收益引起了众多学者的关注。王四国、李怀祖从公司经营业绩、成长性、价格操纵三种途径考察了超额

---

① 陈德萍：《资本结构与企业绩效互动关系研究——基于创业板上市公司研究》，《会计研究》2012 年第 8 期。

② 汪海粟：《创业板上市公司风险披露实证研究》，《统计与决策》2013 年第 13 期。

③ 郭葆春：《创业板信息披露行为及其改善研究》，《现代管理科学》2016 年第 2 期。

④ F. Allen and D. Gale, "Stock-Price Manipulation", *The Review of Financial Studies*, No. 3, 1992.

收益的来源，通过对 1999 年、2000 年沪深两市 800 多家上市公司的超额收益产生的原因实证研究后发现，超额收益产生的最重要原因是股价操纵，经营业绩和被投资对象的成长性与公司股票超额收益产生之间没有必然联系。① 对于超额收益产生的条件和机理，李兴绪通过完全信息静态分析、不完全信息静态分析两种方式分析了机构和散户投资者在不同策略下的均衡解，认为超额收益的产生不仅发生在低价股上，也可能出现在高价股上。② 李广众、王美今在检验市场操纵股票华天酒店、张家界、中远发展、东软股份、北大车行、河北威远、万里电池 7 只操纵样本股与对照组后发现，操纵期内它们的平均收益率及标准差显著高于对照组股票。这说明市场中的超额收益是股市操纵的重要后果，而且操纵行为必然导致市场失效，所以管理层应该对短期内收益显著异常的股票进行重点监控。③ 瓦加和米安的研究成果显示巴基斯坦的经纪人有很大的操纵股价的嫌疑。④ 他们对巴基斯坦证券交易所 32 个月里每一个经纪人每日公司层次的交易进行了检验。研究发现经纪人更多的是为自己交易选择股票，而不是作为外部投资者的中间人。当经纪人为自己交易时，能获得 4%—8% 的年利润，而这是其自身能力所不能达到的。这可能存在经纪人的股价操纵行为。他们发现了此类操纵的有力证据，当价格很低时，合谋的经纪商之间频繁交易以人为的提升股价以吸引更多的正反馈交易者。一旦价格下跌，经纪人就离场，只剩这些交易者承担价格的下跌。这种操纵存在于所有类型的股票，尤其是小规模的公司和股权集中度低的公司更加明显。李学发现在股价操纵过程中，除了有超额收益的产生，被操纵股票呈现出低贝塔值的异常特征，在"庄家"出货的过程中，操纵期间被操纵股票的呈现出高收益低贝塔值特征，而

---

① 王四国、李怀祖：《中国 A 股市场超额收益影响因素实证分析》，《财贸经济》2002 年第 1 期。

② 李兴绪：《证券市场中的机构操纵行为研究——基于中国股市中机构与散户的博弈分析》，《数量经济技术经济研究》2003 年第 8 期。

③ 李广众、王美今：《市场操纵与证券市场弱有效性检验》，《中山大学学报》（社会科学版）2003 年第 5 期。

④ Khwaja, Asim Ijaz, "Price Manipulation and 'Phantom' Markets—An Indepth Exploration of A Stock Market", *Working Paper*, University of Chicago, 2003.

转化期间出现了低收益、股东人数大幅增加的特征。[①] 于鸿君基于"庄家"操纵股票后价格上升、股权出现集中的两个特征提出了人均市值指标，以作为识别庄股的有效指标，而且该指标不会受到配股、增发等事项的影响，便于在不同时期、不同个股之间进行对照。[②] 对于股价超额振幅的出现，郭军利用置信概率 0.05 水平下，对业绩因素、流通规模因素、行业因素、"庄家操纵"因素进行各自水平下的正态分布 K－S 检验，发现股价振幅存在差异的主导因素是反映"庄"能力的大户持仓数存在差异所致，上市公司的业绩好坏、流通股数量的绝对值大小、所属行业是传统行业还是新兴行业对股价振幅没有显著影响，这似乎也印证了"有庄则灵"市场实际。[③] Comerton 在研究收盘价操纵后，发现非正常收益、价差、交易频率、收益反转幅度方面都会体现出与正常交易股票不同的特点。[④] 鲁桂华分析了 1998—2009 年港股、美股、A 股市场的市盈率，研究了坐庄行为对股票价格、会计盈余的过度反应，发现坐庄行为在会计盈余等基本面数据外，能够对股票回报率和股票价格具备增量的解释能力，但是坐庄行为与公司未来的现金流没有显著相关性。在"庄"背景下，A 股投资价值相对偏高，整个市场的资源配置效率相对于成熟市场较低。[⑤]

　　价格操纵也会对成交量产生影响。黄长青以中国证监会通报的 16 起违规操纵案件为研究对象，构造了超常成交量和超常收益率两个测算指标，发现日平均成交量可以作为操纵识别的预警指标，而日平均超常收益率可以作为操纵事件识别的事后检测指标。[⑥] 肖峻通过对赢者组合

[①] 李学：《市场操纵过程中低贝塔系数现象研究》，《证券市场导报》2004 年第 12 期。

[②] 于鸿君：《论"庄股"识别——基于人均市值指标的实证检验》，《金融研究》2005 年第 10 期。

[③] 郭军：《我国深圳股市"庄家操纵"特征的实证分析》，《系统工程理论与实践》2002 年第 9 期。

[④] Carole Comerton, "Measuring Closing Price Manipulation", *Journal of Financial Intermediation*, No. 5, 2010.

[⑤] 鲁桂华：《坐庄行为股票价格对会计盈余的过度反应与资源配置效率》，《南开管理评论》2012 年第 6 期。

[⑥] 黄长青：《我国证券市场股价操纵的实证研究》，《同济大学学报》（自然科学版）2004 年第 9 期。

动量效应的测度后发现，由于市场中存在信息不对称，在公告之前低价建仓，等市场行情明朗后操纵者往往会利用一些利好消息配合，导致跟风盘交易量迅速增加，操纵者从而达到出货的目的，也论证了中国股市股价运动确实存在短周期特点。[①]

价格操纵过程中可能伴随着流行性溢价现象的发生，Aggarwal 和 Wu 对美国股票市场操纵作了较为全面的统计分析：在市场分布中，47.89% 的操纵案件发生在市值小、成交量小和流动性差的柜台市场上。在 142 起市场操纵案件中，平均每一起案件都有一个广义的内部知情者卷入其中，而且绝大多数的操纵案件都是由经纪人、内部人、做市商、持股 5% 以上的股东等几类人共同完成。这说明操纵者相对于普通投资者来说具有信息优势，能够更好地预测未来的股价，而且这种信息优势至少部分是由于操纵者同信息优势群体合谋所带来的。在操纵方向上，提高股价是最普遍的操纵方式。在操纵的手法上，54.93% 的案件中，操纵者先买入后卖出他所操纵的股份以获利；55.63% 的案件中，操纵者散布了谣言；40.14% 的案件中，操纵者利用名义账户进行了"虚假"的股票买卖；最后，13% 的操纵者试图买断市场。值得注意的是，随着互联网的发展，利用网络聊天室和讨论区成了散布谣言的新的发展方向。从 2000 年 1 月到 2001 年 10 月，39% 的操纵案件都利用了互联网来散布谣言，而且实际比例会更高。如果将时间分为操纵前、操纵期间和操纵后三个阶段，会发现在操纵前和操纵后被操纵股票显示出低流动性；在被操纵期间，被操纵股票则显示出高流动性；在被操纵期间，被操纵股票的波动性显著大幅增加。[②] 陈晓利用单个股票的日换手率测度在存在"庄"的条件下，盈余报告、分配及股份变动、资金运用、高管变动、资产重组等不同类型重要信息的披露是否会带来换手率的显著变化。该研究结果表明，"庄"的存在会显著降低公司信息披露的质量，在实证研究的样本中发现信息披露与价格的相关性要高于同交易量

---

① 肖峻：《中国股市基于成交量的价格动量策略》，《同济大学学报》（自然科学版）2006 年第 8 期。

② R. Aggarwal and G. Wu, "Stock Market Manipulation", *Journal of business*, No. 4, 2002.

的相关性。[①] 周春生收集了自 1994 年以来 27 起通过合谋或者集中资金操纵股票市场价格的非法行为案例，考察了操纵前、建仓期、抛盘期、操纵后不同阶段的平均换手率、回报波动率、平均回报率，数据表明操纵期间的换手率显著高于操纵前、操纵后，回报率与换手率的特征在建仓期两者表现为正相关关系，换手率与回报波动率之间也存在正相关关系。在建仓期，"庄家"要买进更多的股票，使得股价会出现拉升，"庄家机构"拉抬股价会使得股票成交活跃同时股价走高，这与现实的市场表现是吻合的。[②]

三　股票价格操纵研究方法述评

股市操纵现象在国内外资本市场中都发生过，以美国为代表的较为成熟的资本市场在早期也发生过严重的市场操纵，我国作为新兴的资本市场在早期曾发生过苏三山、亿安科技等操纵事件。近年来，虽然我国股票市场不断规范，但还是出现了杭萧钢构、ST 金泰、高淳陶瓷等令人震惊的操纵案例。股票市场的操纵引发了众多学者的研究兴趣，产生了许多研究操纵问题的规范及实证研究成果。

Jarrow 研究了利用衍生品进行交易操纵的案例，认为大规模交易者能够推动价格是因为其资金量庞大或者别人相信其是消息灵通的投资者，进而认为基于信息不对称和信念差异而引发的正反馈效应，是操纵者利用交易策略操纵市场而获取利润的温床。当大规模交易者操纵市场的能力严格依赖于价格对操纵者的头寸的敏感性，而不仅仅依赖于操纵者当前持有量的时候，操纵就是可能的。[③] Jordan 和 Jordan 研究了所罗门兄弟在 1991 年 5 月国债中的违规投标操纵事件。[④] Yadin 以以色列股票市场数据为样本，采用事件分析方法，从一般的超常收益和购买并持

① 陈晓：《庄家——与信息披露的质量》，《管理世界》2003 年第 3 期。

② 周春生：《中国股票市场交易型的价格操纵研究》，《经济研究》2005 年第 10 期。

③ A. Jarrow, "Market Manipulation, Bubbles, Corners and Short Squeezes", *Journal Financial and Quantitative Analysis*, No. 4, 1992.

④ B. Jordan and S. Jordan, "Salomon Brothers and the May 1991 Treasury Auction: Analysis of a Market Corner", *Journal of Banking and Finance*, No. 20, 1996.

有的收益两方面分析了操纵者的交易行为是否基于真实信息或者操纵者是否为知情者，说明了操纵者一方面欺诈了交易对手，另一方面促进了股价对真实信息的反映。[①] Felixson 研究了芬兰 Helsinki 交易所的收盘价是否存在被操纵的可能，该文作者构建了一个线性回归模型来检验以上假设。他们的实证研究结果表明，大额交易（block trades）和价差交易（spread trades）能够解释部分但不是全部的结果，有证据表明收盘价有可能是被操纵的。这种到期前操纵现象时常发生在期权或期货市场中，即在合约到期前的一段时间内，持有头寸的操纵者在现货市场上通过大手笔的交易把指数抬高，最后卖出合约获利，而期满后指数下跌回归真实水平。[②]

Vitale 研究了外汇交易市场中的操纵案例。[③] Khwaja 和 Mian 研究了巴基斯坦 32 个月度周期不同经纪人交易数据，研究后发现交易商的操纵利润主要来自正反馈交易者的投资错误。[④] 现实中的股价操纵越来越具有隐蔽性，很多时候操纵者会极力把交易做得像普通投资者那样，Lee 曾给出了在资本市场中常用的股价操纵手法诸如对敲、挤榨市场、操控收盘价、巨额埋单逼空等手段。[⑤] Allen 等研究了 1863—1980 年发生在股票市场和期货市场中的买断操纵案例，发现大户投资者和内幕交易者由于自身的资金优势会获得操纵市场的能力，这种买断操纵会加大股价波动性。[⑥] Merrick 研究了伦敦债券市场的挤压操纵案例。[⑦] Mei 构建了基于非知情交易者通过利用噪声交易者的非理性交易特征，单纯依

① 邹小山：《中国股票市场价格操纵研究暨南大学》，博士学位论文，暨南大学，2005 年。

② K. Felixson, "Day End Returns Stock Price Manipulation", *Journal of Multinational Financial Management*, No. 9, 1999.

③ Paolo Vitale, "Speculative Noise Trading and Manipulation in the Foreign Exchange Market", *Journal of International Money and Finance*, No. 19, 2000.

④ Asim Ijaz Khwaja and Atif Mian, *Price Manipulation and 'Phantom' Markets—An In-depth Exploration of a Stock Market*, Working Paper, University of Chicago, 2003.

⑤ Lee, Charles M. C., and Bhaskaran Swaminathan, "Price Momentum and Trading Volume", *Journal of Finance*, No. 5, 2000.

⑥ F. Allen, L. Litov and J. Mei. *Large Investors, Price Manipulation, and Limits to Arbitrage: An Anatomy of Market Corners*, Working Paper, 2006.

⑦ J. Merrick, Y. Naik and K. Yadav, "Strategic Trading Behavior and Price Distortion In AManipulated Market: Anatomy of ASqueeze", *Journal of Financial Economics*, No. 77, 2005.

靠拉高出货策略也可以获得操纵成功[1]。Jiang 利用纽交所 1928—1929
年的操纵案例研究被操纵的潜在特征，发现被操纵股票早期的流动性和
平稳性与行业中其他公司没有显著差异，但是在操纵过程中交易量和回
报率异常升高。[2] Comerton 主要通过对美国和加拿大资本市场中股价被
操纵的股票为研究样本，通过构建利润指数和收盘价操纵强度两个指标
研究收盘价尾盘操纵案例。[3] SerKan 以 1998 年到 2006 年土耳其市场中
的被监管方列为操纵对象的股票为研究样本，通过动态 Probit 面板回归
模型来识别哪些公司和市场层面的因素会加大股票股价被操纵的概
率。[4] Imisiker 实证性研究了伊斯坦布尔交易所发生的股价操纵案例，发
现市值较小、负债杠杆较高的公司容易成为股价操纵的对象，股价操纵
产生的路径有多种，从虚假会计盈余信息的利用到单纯的交易型操
纵。[5] Sun 利用神经网络技术考察了被操纵股票的交易明细，发现那些
未被操纵的股票，被操纵公司股票指令流有强相关性，类似的分析方法
应用于识别那些报价异常的交易者指令中。[6] Huang 研究了台湾股市中
发生的股价操纵事件，试图寻找被操纵公司的特征及操纵模式，研究发
现被操纵对象规模较小而且治理机制薄弱，许多的股价操纵都是通过拉
高出货方式完成的，这种操纵方式短期会对价格、波动性、交易量、短
期动量产生显著影响。[7] 股价操纵主要会导致自由交易的破坏并会影响
市场价格公允实现机制，而且在实际股价操纵过程中大多数股价操纵由

① J. P. Mei, G. J. Wu and C. S. Zhou, *Behavior Based Manipulation: Theory and Prosecution Evidence*, New York University Working Paper, 2004.

② G. Jiang, P. Mahoney and J. Mei, "Market Manipulation: AComprehensive Study of Stock Pools", *Journal of Finance Economics*, No. 77, 2005.

③ Carole Comerton, "Measuring Closing Price Manipulation", *Journal of Financial Intermediation*, No. 5, 2010.

④ D. Kong and M. Wang, "The Manipulator's Poker: Order-based Manipulation in the Chinese Stock Market", *Emerging Markets Finance & Trade*, No. 2, 2014.

⑤ S. Imisiker, "WhichFirms Are More Prone to Stock Market Manipulation?", *Emerging Markets Review*, No. 16, 2013.

⑥ Sun, X. Q., Shen, H. W., Cheng, X. Q. and Wang, Z. Y., "Degree-Strength Correlation Reveals Anomalous Trading Behavior", *PLoS One*, No. 7, 2012.

⑦ Yu Chuan Huang, "Stock Manipulation And Its Effects: Pump and Dump Versus Stabilization", *Review Quantitive Finance Accounting*, No. 44, 2015.

具有内部消息的操纵者完成整个操纵过程。[1] Chakrapani 利用会计事件法分析了印度股市 2004 年到 2012 年的大宗交易对股价的影响，发现多方买进交易对于超额累计回报产生显著影响，并利用回归技术分析了不同时间窗口下的各因素对超额累计回报的影响，这些影响变量在买入交易中普遍取值较高，而在卖出交易时取值较低。[2]

对于操纵问题的研究，早期的国内研究成果采用的方法主要是规范分析和经济理论的演绎分析。贺显南结合中国股市发展历程，指出我国股市庄家操纵主要有五种方式：利润操纵、送配操纵、政策操纵、舆论操纵、技术操纵。产生庄家操纵的深层次原因主要有：受到高额利润驱动、监管不完善、转制不彻底、市场缺乏投资价值。该文最后提出了庄家操纵的治标及治本之策：规范退市制度、严格配股条件、优化新股上市制度等。[3] 马松建从法学视角论述了操纵证券交易价格罪的特征、界限、共同犯罪、处罚等。[4] 王冬梅等从公司利益相关者理论出发，结合博弈模型工具，设定了不同的支付参数，从信息监管者和公司行为主体角度剖析上市公司会计信息失真的主要原因是基于信息不对称条件，违规惩罚成本低导致的。[5] 戴园晨认为股价表现与庄家操纵密切相关，主力机构在信息、知识、经验、舆论等方面占有绝对优势，它们会营造各种概念，利用羊群效应掠夺中小股民财富，庄的治理对于资本市场功能的正本清源意义重大[6]。刘元海、夏昕阳采用文献综述法，梳理了国外对行为操纵、信息操纵及交易型操纵的研究成果。[7] 王四国、李怀祖开

---

[1] A. Frino, V. Mollica and M. Romano, *Asymmetry in the Permanent Price Impact of Block Purchases And Aales: Theory And EmpiricalEvidence*, Working Paper, 2012.

[2] Chakrapani Chaturvedula, "Price manipulation, Front Running and Bulk Trades: Evidence from India", *Emerging Markets Review*, No. 23, 2015.

[3] 贺显南：《中国股市庄家操纵行为研究及其政策建议》，《中国软科学》1998 年第 12 期。

[4] 马松建：《论操纵证券交易价格罪的几个问题》，《法学评论》1999 年第 6 期。

[5] 王冬梅等：《上市公司会计信息操纵的经济学分析》，《数理统计与管理》2000 年第 4 期。

[6] 戴园晨：《股市泡沫生成机理以及由大辩论引发的思考》，《经济研究》2001 年第 4 期。

[7] 刘元海、夏昕阳：《金融市场操纵理论评述》，《经济学动态》2002 年第 10 期。

启了价格操纵实证研究，他们定义了超额收益、股东人数变化率等指标，通过构造回归模型，经过检验后发现股东人数变化指标能在一定程度上揭示股票被操纵的程度。[①] 祝红梅利用会计事件法，选择了资产重组发生前后 90 天的超额累计收益，在研究后发现样本中存在较大可能性的内部交易和股价操纵。[②] 史永东等选择了市场中的内幕交易股价操纵样本，利用潜在概率法、LMSW 法研究、事件研究法对内部消息交易的形成的超额回报率及交易波动性进行实证分析。[③] 对于是否发生操纵的逻辑判断，史永东等引入 Logistic 分析对中国证监会通报的股价操纵公司为样本，以发现和识别市场操纵和内幕交易为目标，通过计算日换手率和日超额收益率指标，发现两者对于判别操纵事项发生的概率不同。总的正确判别率在 0.5 的临界值下达 75%，在最优临界值 0.12 下能对市场操纵的发生具有 100% 的正确判别率。[④] 基于 MWZ 模型，周春生等人放宽在缺乏卖空条件下对交易型操纵的发生条件，假设市场中存在三类参与者：投机者、操纵者、行为驱使交易者，通过理论推导得出即使不允许卖空，只要存在处置效应，股价操纵者仍然可以获得超额操纵利润，交易量伴随着股价操纵过程会出现同比例增加。[⑤] 周春生等人通过美国、巴基斯坦市场政府监管部门公布的市场案例，考虑市场中存在三类投资者：精明投资者、操纵者、行为驱动投资者，倾向性效应在操纵过程中极为重要，精明投资者的存在短期不仅不会消除股价的非理性变动，反而可能会加剧股价的非理性上涨或者下跌，所以股价操纵过程中市场会呈现出无效率状态。[⑥] 王军生等人利用价格需求传统分析工具，设定了不同价位上市场供给，分析了操纵过程的经济学后果是操纵者掠夺了大量的消费者剩余，无法体现市场自由竞争的优越性，不利于

---

① 王四国、李怀祖：《中国 A 股市场超额收益影响因素实证分析》，《财贸经济》2002 年第 12 期。
② 祝红梅：《资产重组中的内幕交易和股价操纵行为研究》，《南开经济研究》2003 年第 5 期。
③ 史永东等：《内幕交易——股价波动与信息不对称》，《世界经济》2004 年第 12 期。
④ 史永东等：《中国证券市场违法违规行为的判别》，《预测》2005 年第 3 期。
⑤ 周春生等：《中国股票市场交易型的价格操纵研究》，《经济研究》2005 年第 10 期。
⑥ 周春生等：《行为型操纵》，《金融研究》2010 年第 1 期。

市场的健康发展①。王震主要研究了多头市场条件下庄的指示指标，通过股东人均持股自然对数、流通股数量自然对数、前十大股东持股比例等变量构造逻辑模型判断历史上出现的庄股和跳水股，识别的有效性高达 90.4%，股东人均市值指标能够作为庄股识别的有效判断工具。② 向中兴在周春生等人提出的模型基础上完善了股价操纵偏差理论，其中市场中存在具有处置效应和知觉偏差的投资者是市场中价格操纵产生的基础，也是操纵者操纵利润的主要来源。在操纵过程中，如果被操纵股票中的处置效应表现得越弱，则操纵者要花费越久的时间才能完成操纵。③ 姚斌将股票的流动性与操纵周期结合到一起考虑，通过实证研究操纵概率后认为低换手和高换手行为股票都值得重点关注，具体应看股票所处周期，并发现机构操纵股票的周期大约为 7 个月。④ 徐爱农假设市场中存在四种交易者：操纵者、跟风者、流动性交易者、内幕交易者，通过三阶段的混同均衡分析，发现市场跟风者在投资过程中承担的风险要远大于操纵者，而且从最终的投资结果来看，操纵者的投资收益是最大的。⑤ 张宗新借鉴数据挖掘思想，考虑股票操纵后果的四个方面：流动性、超额收益、波动性及贝塔值特征，通过逻辑判断模型、决策树模型对信息型操纵进行概率判断，并发现在公告日后第二天能够实现准确预测概率为 75%，为实现有效预测提供了一些思路。⑥ 许永斌、陈佳以被公开查处的操纵案例为研究对象，分别运用 Logistic 和 BP 神经网络判别模型，发现变量贝塔系数和累计超额收益率两个指标能够在一定程度上预测股票是否被操纵，而且通过在加入各自变量的交叉项后，判别模型的预测精度有所提高。⑦ 金山等人采用动态面板数据模型考察

---

① 王军生等：《股票市场操纵行为的微观机理分析》，《经问题研究》2005 年第 4 期。

② 王震：《中国股票市场价格操纵预警方法》，《浙江社会科学》2006 年第 4 期。

③ 向中兴：《中国股价操纵的理论模型》，《财经科学》2006 年第 11 期。

④ 姚斌：《股票流动性——机构操纵及操纵周期的研究》，《当代财经》2006 年第 11 期。

⑤ 徐爱农：《股票市场操纵行为的模型分析》，《同济大学学报》（自然科学版）2007 年第 7 期。

⑥ 张宗新：《内幕交易行为预测——理论模型与实证分析》，《管理世界》2008 年第 4 期。

⑦ 许永斌、陈佳：《基于数据挖掘思想下的中国证券市场内幕信息操纵判别研究》，《经济学家》2009 年第 1 期。

股价操纵程度与控股股东对公司控制程度、股权集中度、股票的交易频率、公司治理水平、流通股数之间的关系，发现股票超常收益率的取得与下一期的超常收益具有一定的持续性，公司股权的集中程度也对被解释变量有较高的解释能力。[1] 陈筱彦等人从市场指令自动报价触发考虑已成交的主卖盘和主买盘交易量的差异，定义了买卖失衡率并构建了基于建立日股票回报率与买卖失衡率之间的虚拟变量回归方程。通过多个阈值的设置，如果存在买盘操纵，则主买虚拟量系数应该为正，反之则主卖虚拟变量为负。通过比较收盘时段与其他时段的股价操纵频率，即可判断收盘股价是否被操纵。[2] 孙有发等人将数字杠杆原理引入到股价的集合竞价过程中，对于证券市场中经常存在的主力机构凭借资金优势通过巨额申购、大笔申报、连续申报等策略来推高股价等现象，从订单量和订单价格角度反映投资者交易意愿和市场交易强度给出了严谨的数理论证，从数字杠杆分析角度阐述股价操纵的微观机理。[3] 鲁桂华等人利用1994—2006年港股、美股、A股市场数据，实证研究坐庄行为、市净率与市场资源配置效率之间的关系，研究发现作为"庄"指示变量的持股集中度回归分析发现港股、美股市场发展相对成熟，资源配置效率较高，而由于"庄"力量的存在，A股市场估值水平明显偏高，资源配置效率明显偏低[4]。孔东民等人考察了订单型操纵，从微观成交明细数据梳理出订单型操纵的特点主要是密集提交指令，迅速撤回指令达到对价格和流动性短暂控制的目的，在订单型操纵过程中操纵者主要选择市值较小、股价较低的个股进行操纵，短期的操纵后股价和流动性又恢复到正常水平。[5] 熊熊等人利用Logistic模型研判股指期货操纵，解释变量选取了体现市场波动性和流动性变化的四个指标：日收益率、基

---

① 金山等：《中国证券市场操纵行为研究——基于动态面板数据的实证分析》，《广东金融学院学报》2010年第5期。

② 陈筱彦等：《收盘价被操纵了吗》，《南方金融》2010年第5期。

③ 孙有发等：《数字杠杆平衡原理及其在证券市场中的应用》，《统计与决策》2010年第5期。

④ 鲁桂华：《庄、市净率、A股估值和资源配置效率》，《中央财经大学学报》2011年第5期。

⑤ 孔东民等：《订单型操纵的新发展及监管》，《证券市场导报》2011年第1期。

差、交易量和空盘量作为解释变量，进行了样本时间期和非事件期的均值 T 检验，发现操纵期和非操纵期的交易量和空盘量参数存在显著差异。之后他们利用 2002 年的检验样本数据进行了判别检验，发现操纵事件正确判别率为 98.7%。[①] 张维在研究股指期货的价格操纵过程中发现 GARCH 模型对于市场操纵的发生有一定的预判作用，在测度发生市场操纵后，采用日交易量、日持仓量等参数来测度流动性的异常波动，为操纵现象的识别提供经验证据。[②] 左顺根回溯市场操纵定义的本源，梳理了国内外文献对市场操纵的认定，认为市场操纵的最根本特征是为了获取私人利益而使得股票资产交易价格产生扭曲，对于操纵行为的认定应该涵盖三个方面的重要条件：人为价格、疑似操纵行为与人为价格的因果性、主观上的操纵意图。对于操纵的测度主要包括两个层面：市场层面和单个交易品种层面，同时要考虑到操纵市场的危害性大小。[③] 耿志民从市场价格确定机制、开收盘机制、做空机制、大宗交易机制、涨跌幅限制等方面论述机构投资者所拥有的信息、技术、资金优势，认为机构投资者天然具有操纵成功的禀赋，噪声交易是机构投资者操纵行为的根本手段。[④] 张付标等人以演化博弈为分析工具，探讨合谋者操纵市场的各种均衡解，分析了不同市场条件下散户投资者和合谋账户不同市场下的参与策略。该文章认为散户投资者理性程度的提高是减少投资损失的重要条件，所以交易监管方应该大力提高上市公司信息披露质量，减少散户投资者盲目跟风来减少合谋交易者的市场危害。[⑤] 逼近市场真实交易环境，扈文秀等人假设市场中存在三类投资者：内幕交易

---

① 熊熊等：《股指期货操纵预警的 Logistic 模型实证研究》，《系统工程理论与实践》2011 年第 7 期。

② 张维：《从波动性和流动性判别股指期货跨市场价格操纵行为》，《管理评论》2011 年第 7 期。

③ 左顺根：《市场操纵的含义——认定及度量述评》，《金融理论与实践》2012 年第 2 期。

④ 耿志民：《机构投资者市场操纵行为理论》，《郑州大学学报》（哲学社会科学版）2012 年第 1 期。

⑤ 张付标等：《合谋操纵与散户跟风的演化博弈分析》，《证券市场导报》2012 年第 2 期。

者、知情操纵者、被动型理性投资者，建立基于三者的有打压过程的合谋模型，并考虑不同水平下被动型交易投资者规模、理性程度、似真信号准确度、融资融券保证金比例下的操纵利润和收益，并求得了各条件下的均衡解。[①] 田宏杰从法学理论视角探讨市场操纵构成的要件，纵观世界各国对市场操纵的界定关注的是滥用市场交易优势或者影响力，操纵行为的核心是认为控制或者影响市场交易行情的发展，是否实施了逆市场行情的交易行为。[②] 李梦雨等人基于倾向评分匹配倍差法模型考察作为机构投资者代表的基金在会计期末时是否对其重仓股有操纵的嫌疑，实证研究后发现在 2008 年以后股市进入熊市后基金操纵现象较为明显，流动性差的上市公司更容易被基金加以操纵，在市场走势较为良好时，操纵行为则表现得较为温和。[③] 陈艳艳基于股权激励行权事项考察公司管理层的择时行为所体现出来的操纵特征，管理层一般会选择在股价较低时推出股权激励计划，而市场股价一般会在公司推出股权激励方案后上涨，使得管理层有显著的套利空间，不利于代理成本的降低，公司治理水平越低的公司这种负面效应越明显。[④] 朱庆对于连续性市场交易回购行为的交易特征、方式、后果进行了理论探讨，发现股票回购使得市场中会出现单项购买一致性、市场行为信号性、动机多重符合性等特征，在防止出现利用股票回购的市场操纵行为中，要充分明确方式要件、时间要件、价格要件和数量要件，兴利除弊并充分发挥股份回购对中小投资者利益的保护作用。[⑤] 孟辉等人针对市场中不断出现的以"市值管理"为名义的新型操纵行为，提出要规范市值管理的各种手段，划分股价操纵与市值管理的内涵界限，以防止操纵者利用涉及分拆

---

① 扈文秀等：《操纵者与内幕交易者合谋条件下有打压过程的市场操纵行为研究》，《系统管理学报》2013 年第 2 期。

② 田宏杰：《操纵证券市场行为的本质及其构成要素》，《国家行政学院学报》2013 年第 3 期。

③ 李梦雨：《中国基金公司季末操纵股票价格吗?》，《上海经济研究》2014 年第 3 期。

④ 陈艳艳：《管理层对股权激励行权价格的操纵行为研究》，《经济经纬》2014 年第 2 期。

⑤ 朱庆：《上市公司股份回购中操纵市场行为认定与豁免探讨》，《证券市场导报》2015 年第 4 期。

上市、资产重组、股权激励等误导散户投资者，使市场陷入概念包装、股价管理的误区，增加市场交易波动性和风险程度。[①]

四　文献述评

综上所述，创业板市场自 2009 年创建以来，经过几年的发展，也出现了不少研究学者关心的研究主题，有一定影响力的主题包括创业板股票的 IPO 抑价及影响因素、创业板公司创新及成长性测度、创业板信息披露质量、创业板股票高管减持等。从已有的创业板相关主题研究文献来看，研究内容涉及创业板股票资产定价及股价操纵问题的文献还不多。诚然，股价操纵行为已经不是资本市场新鲜事物，但是从创业板个性化市场特点去解读交易型操纵，或许有助于市场操纵顽疾的消除，有利于公平的市场交易制度早日建成。我国资本市场经历二十多年的发展，在市场交易制度设计、交易规则、交易监管方面还存在诸多不完善的地方，从中国证监会查处的股价操纵案例来看，对于价格操纵监管的难点将取决于监管方对价格交易特征的识别和定义。我国创业板市场至 2013 年底也有三年多的历史，创业板市场股票因为自身的流通规模、新兴业态等也难以逃脱价格操纵，然而创业板股票的操纵更多是基于交易型操纵，虽然其中也混合有信息型操纵和行为型操纵。对于创业板发生的交易型操纵特征参数的识别是具有重要现实意义的。基于现有研究的思路、方法，本书将从交易型操纵的后果，以价格变量为核心，结合股价操纵后的价格动量效应、量价关系、流动性溢价效应等分析股票价格交易型操纵的微观特征，并结合价、量、流动性等维度构建相关判别模型，来揭示创业板股票交易型操纵的微观特征。

---

① 孟辉等：《防范新型股价操纵行为》，《中国金融》2015 年第 9 期。

第二章 创业板股票交易型操纵分析框架

第一节 创业板股票操纵现状与模型分析

一 创业板股票市场发展与个股交易现状

截至 2013 年 1 月，在上海、深圳两地市场交易的上市公司总数已经超过了 2500 家，总市值约为 20 万亿元。根据中国登记结算公司和上海、深圳交易所的公开数据显示，到 2015 年 6 月创业板市场上市公司数量已经达到 480 家，公司募集资金规模超过数百亿元，创业板市场已经成为众多创新型中小企业突破筹资瓶颈，降低筹集资金成本的重要通道。从上市公司的产业特点看，创业板公司明显区别于主板市场，主要体现为"两高六新"，即：成长性高、科技含量高，以及新经济、新服务、新农业、新材料、新能源和新商业模式。所以我们看到创业板公司主要来自于电子信息、生物医药、新能源、新材料、节能环保、文化教育传媒等领域。通过在创业板上市，民间财富的创造功能被大大激发，直接筹资的热情高涨，一并促进了私募股权、风险投资行业的发展和扩张。根据东方财富网 choice 咨询专家系统 2013 年年底数据表明，目前在融资规模上前三甲的行业分别是信息技术业、机械制造业、生物医疗健康产业，分别达到 15.6 亿元、11.5 亿元、7.29 亿元。

应该说创业板市场的推出，对中国多层次市场格局构建，特别是服务高科技企业，形成实体经济与虚拟经济的对接具有十分重要的战略意义。但是从创业板市场股票正式开始交易，从高额累计收益率、振幅、成交量等参数都体现出创业板股票明显区别于主板市场（以上证指数作为参考）的交易特征。以 2012 年 12 月 1 日到 2013 年 9 月 30 日周 K 线来看，两个收益率时间序列的相关系数为 0.345，可以发现两者有一定的相关性，也可以说创业板股票的收益率受到主板市场的影响，但是也与自身特性密切相关。上证指数周收益率的均值为 0.25%，而对应的创业板指数收益率均值为 2.15%；上证指数周收益率的中位数为 0.68%，而对应的创业板指数收益率中位数为 2.89%；上证指数单日涨幅收益率最大值为 5.57%，而对应的创业板指数收益率最大值为 8.24%。从超额累计收益率来看（见图 2 - 1），在上述操纵期间，上证指数累计涨幅收益率为 10.6%，而创业板指数累计涨幅收益率为 95.48%，两者存在明显差距。

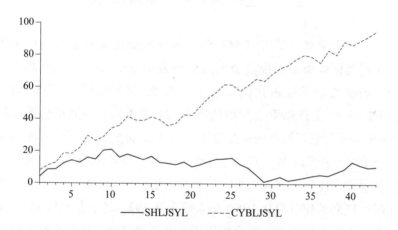

图 2 - 1　上证指数与创业板指数累计收益率对照

从指数振幅周时间序列角度来分析，从图 2 - 2（SZZF 表示上证指数的振幅，CYBZF 表示创业板指数的振幅）中可以看出，创业板的振幅曲线基本上位于上证指数振幅的上方。从两个序列的统计特征参数来看，上证指数振幅均值为 3.84%，而创业板指数振幅均值为 6.40%；上证指数振幅中位数为 3.45%，而创业板指数振幅中位数为 5.91%；上证指数振幅最大值为 10.57%，而创业板指数振幅最大值为 15.54%。创业板指数相对于上证指数来看，也具有更大的波动性。

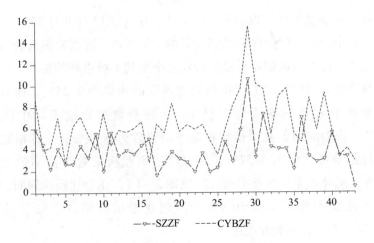

图 2 - 2　上证指数与创业板指数振幅对照

从上证成交量总手数（SZZSS）、创业板成交量总手数（CYBZSS）时间序列及创业板市场成交金额占沪市成交金额占比（CZSCJJE）、创业板市场成交总手数占比沪市总手数参数（CZSCJL）时间序列来看（见图 2 - 3），上证总手数的均值为 51321 万手，而创业板总手数均值为 5308 万手；创业板市场成交金额占沪市成交金额比例时间序列的均值为 0.199，最大值为 0.37，最小值为 0.10，反映出创业板市场规模相对于整个市场比重还显得较小。创业板市场成交总手数占比上证总手数占比时间序列的均值为 0.105，最大值为 0.193，最小值为 0.059，反映出创业板市场规模相对于整个市场比重也显得较小。从总手数占比及成交量占比参数来看，10.5% 的总手数占比对应着成交金额占比 19.9%，反映出创业板股票平均股价高于市场平均价格水平。

从本书确定的操纵期间 2012 年 12 月 7 日到 2013 年 9 月 30 日看，如果以操纵开始日到结束日以周线的收盘价测算，上证指数的涨幅为 5.40%，在列出的 10 家创业板上市公司（见表 2 - 1）中，都出现了涨幅，均值为 170%，最小值为探路者（300005）20% 的涨幅，最大值为华谊兄弟（300027）涨幅为 549%。

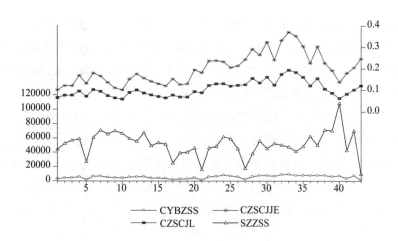

图 2 - 3　上证及创业板市场成交量总手数

表 2 - 1　　2012 年 12 月 7 日到 2013 年 9 月 30 日，创业板个股
对照上证指数涨幅及净利润增幅

股票名称	股票代码	净利润增幅	上证指数涨幅	个股投资收益率	个股相对于上证指数涨幅收益倍数
特锐德	300001	10.46%	5.40%	78.00%	1444.44%
探路者	300005	10.61%	5.40%	20.00%	370.37%
莱美药业	300006	-15.09%	5.40%	64.00%	1185.19%
华测检测	300012	-4.67%	5.40%	108.00%	2000.00%
亿纬锂能	300014	22.60%	5.40%	296.00%	5481.48%
网宿科技	300017	71.42%	5.40%	294.00%	5444.44%
银江股份	300020	-1.70%	5.40%	110.00%	2037.04%
机器人	300024	-9.91%	5.40%	84.00%	1555.56%
红日药业	300026	10.19%	5.40%	97.00%	1796.30%
华谊兄弟	300027	81.09%	5.40%	549.00%	10166.67%

从这 10 家上市公司公布的年报财务数据来看（净利润数据来自于华泰证券同花顺财务中心数据，主要以 2012 年年报数据中上市公司净利润数据为基准，计算上市公司 2013 年截至三季度净利润数据与前者的差额），测算后发现这 10 家公司中净利润参数有 4 家出现负增长，负

增长速度最大为莱美药业（300006），为 - 15.09%，最小的为银江股份（300020），为 - 1.70%；有 6 家公司为正增长，净利润增幅最大的为华谊兄弟（300027），净利润增幅为 81.09%，最小的为特锐德（300001），净利润增幅为 10.46%。对照风险资产定价模型，如果以上证指数代表市场的平均风险水平，那么在可以认为在 2012 年 12 月 7 日到 2013 年 9 月 30 日时间段中信心风险、时间风险、通胀风险、经营周期风险、市场择时风险几乎没有发生多大变化，结合上市公司个股涨幅相对于上证涨幅来看，均值为 3148.15%，最大值为 10166.67%。如此脱离基本面的涨幅，原因可能只有交易型股价操纵才可以解释了。

二　创业板公司的财务成长性与投资价值相关性分析

大量的财务绩效成长性与投资价值相关性文献表明，股票的价格主要取决于上市公司的内在价值。即企业的成长性好、价值转换能力强、企业价值高的企业股票价格就高，那么就意味着该上市公司具有投资潜质。综合来看，国家的宏观政策、企业微观因素以及市场环境因素最终决定了企业的投资价值。具体分析，包含如下三点。

第一，从宏观政策因素来看。首先，目前我国创业板成立时间较短，发展不够成熟，一些相关的法律法规和规章制度还没有建立起来。导致我国市场上还存在无法可依的局面，一些扰乱正常市场环境的行为时常发生，不利于投资者进行理性投资。其次，政府制定的一系列促进创业板发展的举措，这在一定程度上促进了创业板的发展。最后，一个国家国民的受教育情况也将对企业投资产生影响，文化水平较高的投资者一般有良好的投资常识，对待投资比较理性，投资行为比较温和，有利于股票市场的稳定，反之亦然。除了政策、文化因素，自然、科技和军事因素都将影响投资者的投资行为。

第二，从企业微观因素来看。企业微观因素主要包括公司治理结构因素、成长能力、竞争能力和财务健全度。总的来说，企业的自身要素决定了企业的内在价值，而企业的内在价值是决定上市公司投资价值的关键性因素。投资者在判定一个公司的投资价值时，首先关注的是一个公司的内在价值，公司的内在价值最主要表现在其未来创造的现金流量。衡量企业内在价值主要由两个方面，第一是公司盈利的稳定性。企业盈利才能带来企业价值的增加，盈利是其价值增长最直接的体现。如果一个企业没有稳定的盈利增长，那么其将来产生的现金流量也就不稳定，从而给企业内在价值带来不确定性。所以公司未来稳定的盈利增长才是其具有投资价值的保证。第二就是企业风险处于一定的水平范围内。这类企业风险主要是指企业的经营风险和财务风险。只有企业整体运营健康，企业未来发展才不会受阻。企业才会一直处于良性发展阶段。通过对这两方面的掌握，投资者可以做出准确的投资决策。总的来看，企业的内在价值是决定一个企业是否具有投资价值的主要因素。

第三，创业板上市公司的投资价值受市场因素的影响。有关实证研究表明目前我国资本市场总体是呈现一种弱相关性。这就使得我们股票市场上股票价格不受其过去财务信息的影响。在股票市场上投资者都是凭经验和市场表现来进行投资，所以存在一大批以投机行为为目的的投资者，扰乱了正常的市场环境，不利于创业板的健康发展，同时也使投资者的投资风险加大。

从投资者的价值挖掘技术角度出发，应该考虑以下的几个指标的变化。

（一）关注企业未来净利润增长率的稳定性

投资者对上市公司的投资简单地说就是对上市公司股票预期价格的投资。而企业股票的股票价格最要是由企业股票的市盈率和每股收益决定的，它们与股票价格呈正相关。而决定每股收益最关键的因素就是企业净利润的增长。所以未来净利润增长成为判断企业是否具有投资价值的关键因素。因此，如何判断公司未来净利润的增长成为关键性的问题。对于公司未来净利润的增长，一般需要看企业的产品在市场中是否具有竞争力、创新性，盈利模式是否独特具有不可复制性，公司治理结构是否健全，员工是否受到过专业的培训或者具有较高的学历，企业发展战略是否与国家发展战略相符合等。综合以上几个方面，合理估计企业的未来净利润的增长，选择合适的股票进行投资，获取最大的投资收益。

（二）关注企业的动态市盈率指标

许多实证研究表明，企业的成长性与动态市盈率呈正相关。动态市盈率不仅可以衡量企业价值转换能力，也可以反映企业的投资价值。重点把握动态市盈率的变化，有助于了解企业内在价值的变动情况，做出合理的投资决策。但是需要指出的是，动态市盈率指标需要计算企业的价值。笔者认为可以通过经济附加值模型，选择一家具有投资意向的企业进行计算。进而估计其内在价值，得出动态市盈率指标。根据前面的理论和实践分析，动态市盈率在判断企业投资价值时具有很重要的参考意义。因此，投资者在关注创业板上市公司时，应该注意着重关注其动态市盈率指标，这将是进行科学合理投资的关键所在。

（三）关注企业市盈率/利润增长率值

市盈率/利润增长率值是衡量上市公司是否具有投资价值的重要指标。对于创业板上市公司来说，市盈率/利润增长率值由于将股价变动同未来净利润增长率结合在一起，特别能反映出公司价值，因此市盈率/利润增长率值是衡量创业板上市公司投资价值比较理想的指标。根据前文实证分析发现，成长性与市盈率/利润增长率值呈正相关。即成长性越高，市盈率/利润增长率值越大。从理论来来讲，市盈率/利润增长率值越小就越具有投资价值。

由于创业板市场的上市公司具有较高的成长潜力，投资创业板股票有高盈利、高回报的预期，所以创业板的股票是我国证券投资者重点关注的投资对象，以致创业板股票快速上涨，有的股票价格严重偏离了其实际价值。在西方成熟的股票市场上，上市公司的股票价格是与其财务绩效高度相关的。财务绩效是企业生产经营在财务效果和效率上的体现，是盈利能力、偿债能力、营运能力、成长能力和社会贡献能力等方面的综合反映。

上市公司股票的市场价格波动与上市公司的财务绩效变化是密不可分的，财务绩效指标是投资者购买股票参考的重要指标。为了研究创业板上市公司财务绩效与股价的相关性，以及对股价的解释程度，我们根据证券投资的基本理论，可以得出如下几方面结论：获利能力对股票价格产生正向影响。在市场经济环境下，上市公司获利能力越强，投资者能通过分红和分享股利获得的回报就会越丰厚，从而积极影响着上市公司的股价波动。偿债能力对股票价格产生正向影响。适当的举债经营可以为企业扩大经营提供资金，提高企业利润。可是一旦负债比率过高，就可能会导致债务风险，当债务到期无法按期偿还时，可能会使企业出现现金流断裂，最后导致企业破产。因此，偿债能力越强则代表公司的经营稳定性越强，企业的持续性越好，股价可能就会越高，即偿债能力越强，股价越高。成长能力对股票价格产生正向影响。企业通过上市以股权融资的形式获得更多的资金后，利用自身的优势，通过不断发展、成长壮大，实力越来越强，资产不断增加，竞争力不断提高，企业有更广阔的发展前景才能给投资者在未来创造更高的回报，也就是未来成长能力越强，股价越高。现金流量对股票价格产生正向影响。现金流量是企业的血液，企业的现金流量越充足，公司在面对投资机遇以及应对经营活动、投资活动及筹资活动中各种风险时才能处变不惊，抵御风险能力和相应的盈利能力也就变得越来越强，即上市公司现金流量越充足，股价越高。相关的公司财务指标分析详见本书附录。

三　创业板股票交易型操纵模型与理论分析

在股票市场中，虽然各种操纵手法繁多，但是根据股价及交易特征可以简化为四个阶段：吸筹阶段、拉升阶段、出货阶段、恢复下跌阶段。更为复杂的操纵应该是简化模型的扩展（可以是其中某一阶段的变化复杂化，也可以是多个阶段的变化扩展），交易型操纵过程与信息型操纵、行为型操纵过程具有类似的股价运行规律。

（1）吸筹阶段

如图 2-4 所示的第 1 期所示，吸筹阶段一般在股价下跌至阶段性低点末端，此时股票筹码分散在不同的投资者手中，随着阶段性下跌行情的结束，操纵者开始买入股票筹码，当然由于操纵者操作手法隐蔽，筹码收集行为很难被发现，很多散户在股价上涨过程中由于处置效应的存在，会将股票卖出。买入股票的个人投资者也有两种情形：一是能够由于获利而卖出，一是由于股票解套而卖出，这两种情形卖出的投资者短期看是理性行为，但是在股价即将上涨前卖出，事后看又是错误的决策。

（2）拉升阶段

如图 2-4 所示的第 2 期所示，随着操纵者已经买入足够的流通筹码，主力资金已经具备控制股价的能力。现实当中一旦操纵者完成筹码收集，伴随着市场行情的变暖，各种公开消息还是趋于正面，投资者情绪开始变得乐观，操纵者会利用某些公司或者行业层面的利好消息来配合股价的拉升。这时股价运行会脱离相对低位，拉升到一定幅度上。在拉升阶段，操纵者也要考虑到跟风盘获利幅度，及时完成股票的换手洗盘，为股价的快速拉升阶段做好准备。

（3）出货阶段

如图 2-4 所示的第 3 期所示，出货阶段主要是指操纵者完成将股价低位时买进的股票在高位时卖出的行为。一般而言，出货阶段的市场交易热情高涨，整个国家宏观层面、公司所属行业层面、公司财务状态都会趋好，出货的前提是有人愿意接货，所以在此阶段，操纵者会利用股价的自锁和处置效应在实时盘面上实现筹码的换手派发。一般在拉高出货阶段，操纵者会获得较高的操纵利润。

（4）恢复下跌阶段

如图 2-4 所示的第 4 期阶段所示，随着股价的持续走高，操纵者利用对手投资者的非理性完成了股票的换手，一般精明的操纵者往往在

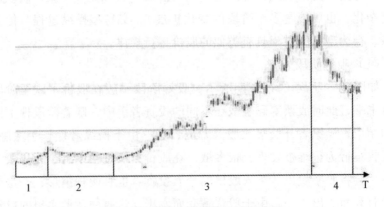

图 2-4　庄家交易型操纵过程分析

股价走势变弱、大趋势反转前完成整个出货行为。随着股价的见顶，持有股票的投资者发现自己的股票价格可能存在严重的泡沫而开始卖出股票，随着缺乏后续买盘跟进，股票开始进入下跌通道。

拉升阶段中主要是操纵者已经吸纳了足够的股票筹码，确定市场股价能够达到预期幅度。在这一阶段股票价格会迅速脱离成本区，而在此过程中只将很少的机会留给精明投资者，希望通过"赚钱效应"引发非知情交易者"羊群效应"。快速拉升阶段，庄家机构利用手里筹码的集中优势，使得被操纵股票以股价快速上升为目的，达到迅速增加操纵收益的目的，并为第3阶段的出货阶段做好市场准备。

出货阶段一般是经历拉升阶段后，对于操纵者而言，股票价格已经远离成本区了，市场上的非理性交易者的存在保证股票实现顺利换手。当然庄家机构的出货方式有多种形式，对于交易型操纵，一般在市场行情较好时，发布一些利好消息配合出货，利用噪声交易者的处置效应，采用"温水煮青蛙"的方式，使得股票筹码实现从庄家机构到非理性交易者手中。

恢复下跌阶段一般是操纵者成功将股票实现出货后股票价格恢复到市场正常估值范围的过程。在此过程中，股票的持股集中度会下降，账户平均持股数会下降，一般证券软件中的散户线数量会呈现上升的趋势。

为了便于推导，假设投资者持有两类资产：股票或现金，并假设持有现金资产的净回报率为 0，市场中股票的净供给为 0。将市场中的交易型操纵过程划分为 5 个时期，即时间参数 t 分别取值为 0，1，2，3，4。假设市场在 $t=4$ 时完成清算，持有股票资产的交易双方按照股票的基本价值 $p_0 + \Psi$ 交割清算，并假设支付的股票红利为 θ。其中，假设 p_0 为初始时间 $t=0$ 时刻的价格，该值能充分反映在初始时刻下的股票内在价值；而 Ψ 为时刻 $t=1$ 期期初股票基本价值的变化，相关的 Ψ 信息在第 1 期期初发出，所以 Ψ 可能的取值为（φ，$-\varphi$）。从市场实际交易状况看，假定股票的基本内在价值在各时期均保持不变。假设被操纵股票的红利 θ 服从正态分布 $N(0, \sigma_\theta^2)$，而直到时刻 $t=4$ 时，所有参与投资者才能知道参数 θ 的取值。

对于交易型操纵过程中依据信息获取和操纵参与能力差异假设存在
三种投资主体：第一种是市场中处于操纵地位的庄家投资者。该类别的
投资者为理性投资者，假设市场人数数量为 u，而且在时间 $t=1$ 能够
获得比较准确可靠的 ψ 信号，所以可以认为该类型投资者在时间 $t=3$
出货后会取得最大收益。从我国证券交易的现状来看，构成该类投资者
能够完成市场操纵的，主要是一些拥有资金、信息双重优势的券商和基
金。第二种投资者假设为精明投资者或者为被动型理性投资者。假设市
场中该类投资者数量为 u_r。此类投资者一般事前不知道 ψ 信号，采用
被动型资产价值投资模式，主要考虑股票价格与其认定的股票内在价值
的差异程度而做出买卖决策，他们有典型的趋势交易习惯，在市场价格
相对较低位时买进，在获利后相对较高位获利了结。该类投资者的股票
需求数量取决于上期的股票价格 P_{t-1} 与本期所收集信息确定价值 E
(P_t/I_t) 之差。此类需求者在时刻 t 的需求 $D_t^r = -\alpha[E(p_t/I_t) - p_{t-1}]$。
在证券市场中，此类投资者主要为经验比较丰富的非知情大户或者为流
动性需求的投资者。第三种投资者为半理性噪声交易者。这类投资者主
要由正反馈交易特征的噪声交易者与具有价值投资特征的理性投资者双
重特性的投资者构成，假设数量为 u_f。所谓正反馈交易者主要是他们
在做买卖决策时，往往以股票历史价格外推股票未来趋势，而不太关心
当期交易信息，通常机构投资者与个人投资者的半理性交易者有明显的
差异，根据其风险态度分为风险厌恶型与风险偏好型，这两类投资者的
数量分别为 u_{f1} 和 u_{f2}，而市场中的交易者大多数为风险厌恶型，所以假
设参数 u_{f1} 小于 u_{f2}。这两种类型的投资者在 t 时刻的需求函数分别为：

$$D_t^{f1} = (1-k)\beta(P_{t-1} - P_{t-2}) - k\alpha(P_t - P_{t-1}),$$
$$D_t^{f2} = C(1-k)\beta(P_{t-1} - P_{t-2}) - k\alpha(P_t - P_{t-1})$$

其中参数 $C = \begin{cases} 1, P_{t-2} - P_{t-3} > 0 \\ 0, P_{t-2} - P_{t-3} \leqslant 0 \end{cases}$

在上面的公式中，$(1-k)\beta(P_{t-1} - P_{t-2})$ 表示具有正反馈交易特征的
噪声交易者的需求函数，而 β 为该需求函数的斜率。而 $\alpha(P_t - P_{t-1})$ 表
示为理性投资者的需求函数，系数 k 的取值为 0 到 1，越接近于 1 表示

投资者理性程度越高，越靠近于 0 表示投资者越不理性。事实上，由于证券市场存在学习效应，很多成熟的中小投资者具有正反馈交易特征也呈现出较高程度的理性。

股票市场中的操纵手法大约有两种可能，一是在时间 $t=1$ 时操纵者提前获知到 ψ 的信号，所以操纵者会在时刻 1 买入股票资产，准备在时刻 2 拉升股票价格，在时刻 3 成功实现换手出货，在时刻 4 进行清算。还有一种可能是在时刻 1 卖空打压股价，在时刻 2 以更低的市场价格买入股票，在时刻 3 拉升股票获利，在时刻 4 进行清算。为了便于讨论，本书着重分析第一种情况，此时的参数 $C = 1$，$D_t^{f2} = (1 - k)\beta(P_{t-1} - P_{t-2}) - k\alpha(P_t - P_{t-1})$。

在初始第 0 期，该期为基准期，交易型操纵尚未发生，市场上无任何消息。

在第 1 期，假设存在 $\Psi = \psi$ 的正向冲击时，操纵者能够把握第 2 期时被操纵股票的交易价格。为了保证第 3 期的股票收益，操纵者根据当期 ψ 的信号和市场的既定情况，假设其需求量为 D_1^i。被动型理性投资者此时没有获得任何私有信息，也不能判断私有信息是否存在，只能依赖于当期的信息做出买卖决策。此类投资者的需求为：$D_1^r = -\alpha(P_1 - P_0)/e$。对于半理性投资者，由于缺乏前期基础数据，只能根据自身理性程度做出决策进行交易，他们的需求量：

$$D_1^{f1} = -k\alpha(P_1 - P_0)，D_1^{f2} = -k\alpha(P_1 - P_0)，$$

所以在第 1 期时，市场的出清条件为：

$$\mu D_1^i + \mu_r D_1^r + \mu_{f1} D_1^{f1} + \mu_{f2} D_1^{f2} = 0$$

在第 2 期时，假设第二类被动型投资者也获得了 $\Psi = \psi$ 的信号，而第三类投资者仍未获得股票相关的价值信息。此时，操纵者已经在第 1 期完成了股票建仓，操纵者希望在本期拉升股价以吸引半理性投资者进入下期交易，确保自身的投资收益能够在第 3 期实现最大化。所以其在本期的需求 D_2^i 取决于其他类型交易者的需要数量和自身利益最大化的考虑。第二类被动型理性投资者假设发现了操纵者的迹象，他们会结合价值投资策略考虑在股票价格达到期望价值时获取的最优限度。他们的需求数量为：

$D_2^r = -\alpha[E(P_2/I_2) - P_1]/e$ [此时 $P_2 = E(P_2/I_2) = \lambda(P_0 + \varphi) + (1-\lambda)P_0 = P_0 + \lambda\varphi$]

由于第 1 期股票价格的提高会吸引半理性噪声交易者进行交易。在该时期半理性交易者中的风险偏好者会加入交易，而其中的部分非理性投资者没有进行交易，两类投资者的需求数量分别是：

$$D_2^{f1} = (1-k)\beta(P_1 - P_0) - k\alpha(P_2 - P_1),$$

$$D_2^{f2} = -k\alpha(P_2 - P_1)$$

则本期的出场条件为：$\mu D_2^i + \mu_r D_2^r + \mu_{f1} D_2^{f1} + \mu_{f2} D_2^{f2} = 0$

在第 3 期时，操纵者已经通过在第 2 期拉升了被操纵的股票价格，操纵者希望在此期间将前两时期中持有的股票换手出货给其他投资者，这是操纵者完成交易型操纵的基本前提。所以在该时期操纵者的交易数量：$D_3^i = -D_1^i - D_2^i$，而精明的被动型交易者由于自身限制，所以其在本期的 $D_2^r = 0$。在第 2 期由于股票价格的大幅上升会吸引半理性噪声交易者进行交易，他们的需求数量分别为：

$$D_3^{f1} = (1-k)\beta(P_2 - P_1) - k\alpha(P_3 - P_2),$$

$$D_3^{f2} = (1-k)\beta(P_2 - P_1) - k\alpha(P_3 - P_2)$$

所以本期的市场出清条件为：

$$\mu D_3^i + \mu_{f1} D_3^{f1} + \mu_{f2} D_3^{f2} = 0$$

在第 4 期时，各种私有信息也成为公开信息，而且上市公司的红利信息也会公开。假设股票价格 $P_4 = P_0 + \Psi + \theta$，各种类型投资者都将按照 P_4 清算所持股票。第 4 期的期望股票价格为：$E(P_4) = E(P_0 + \Psi + \theta) = \lambda(P_0 + \varphi) + (1-\lambda)P_0 = P_0 + \lambda\varphi$。

对上述模型求解：

$$P_1 = P_0 + \lambda\varphi - \frac{1}{d}[\lambda\varphi(a-c) + b(P_3 - P_0)]$$

其中参数 $a = u_r\alpha/e$，$b = k\alpha(u_{f1} + u_{f2})$，$c = (1-k)\beta u_{f1}$，$d = (1-k)\beta u_{f2}$

从而可以得出操纵收益表达式为：

$$R^i = -u(P_1 D_1^i + P_2 D_2^i + P_3 D_3^i) = (a+b)[(P_3 - P_0) - P_1^2 + P_1$$

$(P_0 + P_2) - P_2^2] + c(P_1 - P_0)(P_2 - P_3)$

基于操纵收益最大化时，得出第 3 期均衡价格：

$$P_{3o} = \frac{M}{N}$$

其中 $M = \lambda\varphi\left[\frac{c(b + c + d - a)}{b} + \frac{2(a + b)(a - c)}{d}\right] + NP_0, N =$

$-\frac{2b(a + b)}{d} + 2c$。

最终基于操纵的收益最值为：

$$R_o^i = \frac{(\lambda\varphi)^2}{4b}\left[\frac{((a+b)(c-d) - c^2)^2}{b(a+b) - cd} - (a+b)(4a + 3b - 6c - 2d) - c(2c + d)\right]$$

第二节 交易型操纵的动量效应机理分析

一 行为金融理论中的动量效应

对于动量利润产生的认识，传统的经济理论与行为金融理论给出了不同的解释，传统的经济理性人假说认为，股票价格动量效应的产生主要是投资者对于市场信息反应不足造成的，如果动量组合承担较大的时变性风险或者额外的风险，那么也可以认为动量超额利润是风险要求的对应补偿。而行为金融投资理论认为，投资者无法做到完全理性，动量利润正是由于投资者个人乃至群体非理性行为形成的，并非因为超额风险补偿原因形成的。针对动量利润由何种投资者偏差引起的不同的行为经济模型给出了不同含义的解释。早期由德农提出的噪声交易者模型有较大的影响力，该模型中提出了正反馈交易策略的重要核心概念，后来的投资行为模型基本上认可了正反馈交易，更多在探索何种行为偏差导致了投资者会利用正反馈交易策略。该模型主要认为，买入赢者、卖空输者的正反馈交易策略是投资者行为非理性的表现，模拟结果显示这种非理性交易策略会使得资产市场价格偏离其价值中枢。[①]

影响力较大的行为模型 BSV 模型是由 Barberis、Shleifer 和 Vishny 等人在 1998 年提出的。该模型假设市场中存在两类投资者：一类投资者持有保守型偏差，另一类投资者持有代表性偏差。保守型偏差产生的原因是由于该类投资者认为投资标的公司的盈余变化会存在均值回归，而均值回归会使得该类公司的证券交易价格对盈余变化表现出不足。代表性偏差的投资者认为公司的盈余变化会有趋势保持的特点，正是这种趋势机制会导致证券交易价格对投资标的公司的股价反应过度。BSV 模型主要从投资者存在的两类偏差出发，模拟解释为何现实投资交易过程中资产交易价格会偏离有效市场假说。其中保守型偏差的投资者可能会对盈余等市场信息反应不足，最终导致动量利润的出现，有代表性偏差的投资者会对盈余等市场信息反应过度，使得市场交易价格超过其投资内在价值，最终出现反转效应，使得过去的持续正收益逐渐消失乃至反转。

Daniel、Hirshleifer 和 Subrahmanyam 于 1998 年提出的 DHS 模型，与 BSV 模型构建基础不同。DHS 模型是基于现实投资者身上广泛存在的过度自信和自我归因偏差，认为动量利润的产生是由于投资者的反应过度滞后引起的。他们根据投资者获取信息能力的差异将投资者分为两类：信息缺乏型和信息充分型。信息缺乏型的投资者一般不存在认知上的偏差，而信息充分型的投资者容易受到自我归因偏差的影响。[②] 自我归因偏差主要是指投资者对自己的投资选股能力过于自信，高估自己对未来股价运动趋势的判断，夸大对于未来指示趋势信号的理解。这种滞后的反应过度形成了动量利润，推动股价运动保持某一趋势，直至达到某一临界点，最终的市场价格会向其内在价值回归导致投资收益的反转发生。

针对动量利润的产生，Hong 和 Stein 提出 HS 模型，以区别于 BSV 模型和 DHS 模型，他们没有将研究重点放在投资者出现的认知偏差上，

---

① J. De long, "Noise Trader Risk in Financial Markets", *Journal of Political Economy*, No. 8, 1990.

② K. Daniel, D. Hirshleifer and A. Subrahmanyam, "Overconfidence, Arbitrage and Equilibrium Asset Pricing", *Journal of Finance*, No. 3, 1998.

而是重点关注了不同交易者的交易机制。① HS 模型将投资者划分为两类：一类投资者称为信息观察型，这类交易者主要根据自己获得投资标的证券未来现金流的相关信息来做交易决策，这种信息更多是未来信息而不是基于历史过去的交易信息。另一类投资者称为动量交易型。这种类型的投资者主要依据其所获得的有限信息进行交易而不关心证券基本面信息的变化。由于信息观察型投资者获取的信息在市场上扩散存在滞后，信息传递过程中也是一个信息流分步注入的过程，市场对新信息注入的反应不足产生了动量利润。动量交易型投资者更关注于股价运动趋势的判断，但是当基于历史趋势的预测把价格推高到高于内在价值临界点时，将会使得证券价格趋势出现反转。

二　交易型操纵与动量效应特征

从股票操纵的四阶段过程来看，吸筹阶段主要体现为操纵者开始在股价相对低位买入股票。从动量效应来看，在这一阶段的股价走势没有明显趋势，更大可能表现为股价的随机游走，这个阶段的长短与操纵者的资金实力等特质有很大关系，资金实力雄厚的操纵者会采用快速方式进行，资金实力弱的操纵者则要花费很长时间消除跟风的趋势交易者，隐蔽地获得股票筹码。等到操纵者有足够的股票筹码后，开始拉抬股价，这个过程中往往伴随着羊群效应。很多跟风投资者或者由于动量理论的吸引，或者是由于趋势交易的原因，也会选择买入被操纵股票，在这个阶段往往还有各种利好公司的消息被散播出来。这一阶段受到羊群效应和正反馈交易的双重影响，表现出较为明显的动量效应。实际上，在股票价格上涨过程中，有投资者受到周围环境信息、其他投资者乐观情绪影响开始加入到股票多方群体中，投资者买方力量得到增强，市场头寸需求增加，投资者预期价格会继续上涨，从而进一步抬高了股价，形成了正反馈效应。在正反馈效应的形成过程中，往往伴随着乐观情绪的叠加，股价出现轮番上涨，使得股价远远偏离股票的内在价值，甚至

---

① H. Hong and J. C. Stein, "A Unified Theory of Underreaction, Momentum Trading and Over-reaction in Asset Markets", *Journal of Finance*, No. 54, 1999.

引发价格泡沫的产生。然而这种由于价格上涨形成的价格进一步上涨的预期并非理性预期，而是充满着投资者对未来股价持续上涨的过分乐观预期。在出货阶段，股价一般也呈现出较强的动量效应，操纵者为了实现股票的换手，在拉抬股价的同时，有时也会利用处置效应让短线投资者买进套牢后锁住流通股票，为其进一步拉抬股价提供可能。卡尼曼和特拉维夫针对投资者在特定风险水平下对取得收益和发生损失研究后发现，个人的价值函数呈现出 S 形特征：价值函数存在一个参考点，沿着损失和收益不同的方向呈现出反射状 S 形特征。投资者面临损失时表现出风险偏好特征，价值函数表现为凸函数，而投资者在面临收益时表现出风险厌恶特征，价值函数表现为凹函数。[①] 在任何情况下，投资者发生的损失越小，则价值越大，收益正值越大，则对应价值越高。价值参考点的存在反映出投资者更看重相对于某一参考点财富的增量变化，而不仅是一静态数额。价值函数中存在的重要变量是参考点，反映投资者在投资决策过程中，会选择不同的参考点做出决策，由于参考物选择的不同，投资者投资行为也体现出差异。所以，参考点的选择存在一定的主观性，当投资环境和时间发生变化时，投资者会选择不同的参考点。在股价恢复下跌阶段，主要原因是操纵者已经将低位股价买入的股票实现了操纵利润。当然操纵者出货的速度以及整个资本市场环境都会对股价走势有影响。甚至有些符合国家产业政策的行业，也会被庄家反复炒作，在本书的模型中，股价走势更多地表现为反转效应。创业板股票的价格动量效应如何这是本书第四章研究的问题。

第三节　交易型操纵的量价关系机理分析

一　股票量价关系一般性理论研究

最早的股票量价关系模型要追溯到奥斯本，其研究将股票价格变化描述为一个扩散过程，而方差参数决定与交易的频率，在其模型中已经

① D. Kahneman and Tversky, "A. Prospect Theory: An Analysis of Decision Under Risk", *Econometrica*, No. 6, 1979.

暗示股票的交易量变化与价格变动幅度之间存在正相关。[1] Ying 综合运用了方差分析、交叉谱分析等工具对纽约交易所标准普尔指数的日交易量与价格数据进行分析，他发现了上涨过程中，较小的成交量会预示价格的下跌，而交易量的上升更多是预示价格的上涨；而交易量也会伴随着价格的快速上升而大幅上升或下降。[2] 该研究是在同一数据集合里面得出的结论，成为之后的量价关系理论与实证研究重要基础。

Copeland 最早提出了信息序贯到达模型，在考察成交量与股价绝对值变化方面，得出了两者正相关的结论，支持了 Ying 在 1966 年的研究结论。[3] 但是该模型至少有两方面不足：第一，其假设没有内部消息的交易者不存在从市场价格传递信息过程中的学习效应。第二，该模型假设所有交易者在对获得信息的含义理解一致的时候交易量最大，这显然在现实中较难成立，因为不同投资者获得信息的能力和对信息的反应快慢是存在差异的。对于信息不对称市场条件下的量价关系，Wang 使用了买卖价差、分析师数量、上市公司规模等变量作为信息环境的替代变量，研究发现各种公开、私有消息是股票产生异常交易量的重要原因，公开消息产生的收益是相互独立的，而私有信息会导致股价随着市场预期红利的改变而变化。假设知情投资者因为得到利空的股票私有信息而卖出，并且私有信息公开后会加剧市场下跌，所以市场信息环境对股票的量价关系有显著影响[4]。罗尔研究了股票异常交易量与市场容量、交易成本、机构投资者交易策略三者之间的逻辑关系，研究结果表明股票市场的扩容、交易成本的下降以及程序化机构交易策略都会导致交易量的增加。[5] 陈灿平将中国股市发展分为三个阶段，并针对每个阶段做线性因果检验和非线性因果关系检验，研究后

① M. Osborne, "Brownian Motion in the Stock Market", *Operations Research*, No 7, 1959.

② C. Ying, "Stock Market Prices and Volumes of Sales", *Econometrica*, No. 7, 1966.

③ Thomas E. Copeland, "A Model of Asset Trading Under the Assumption of Sequential Information Arrival", *Journal of Finance*, No. 31, 1976.

④ J. Wang, "A Model of Competitive Stock Trading Volume", *Journal of Political Economy*, No. 1, 2002.

⑤ R. Roll, "R^2", *Journal of finance*, Vol. 43, No. 3, 2009.

发现股票市场初始阶段（1990—1992）不存在量价因果关系，第二阶段（1992—1996）、第三阶段（1996—2007）存在量价的因果关系，反映我国股票市场中量价之间无反馈效应正在慢慢改变，价格影响成交量的引导效应较强。[①]

二　交易型操纵成交量对价格的影响

在交易型操纵过程中，第一个阶段吸筹阶段，一般庄家吸筹手法较为隐蔽，成交量相对低迷。拉升阶段也要分为几种情况：有时股价操纵者是为了通过拉抬股价，继续收集次低位筹码；有时股价操纵者采取边拉升变出货的方式，甚至采用盘中 T + 0 交易方式，博取短线价差收益，降低持仓成本，基本目标是让股价脱离底部，让后面的跟风者只能以较高的成本购买股票。在股价操纵的出货阶段，一般表现为成交量的迅速扩大，这时的股价操纵者也会有多种方式进行，普通的庄家机构会通过账户对倒等方式缓慢交易，表现为买盘卖盘的量比普遍较高，市场人气较活跃，跟风投资者也有追高意愿。也有资金实力雄厚的庄家直接以大单连续多日封涨停的方式诱多出货，所以成交量在不同的股价操纵中会表现出不同的特征。[②] 出货完成后，股票又恢复了无庄状态，成交量规模会出现明显下降。王杉在研究股票量价关系时也指出，由于我国的股票询价机制不同于美国做市商制度，所以不能简单套用存货模型等分析工具。[③] 在对股票的量价关系研究后发现，股票的成交量变化会显著影响未来股票价格，单位交易量与股价变化平方呈正相关关系。在研究量价回归的截距项时，发现当交易量水平较低时，不知情交易者会调低参与预期，从而导致了价格的下降。事实上，创业板股票在交易过程中成交量会有什么样的变化特征这是本书第五章研究的内容。

---

　　① 陈灿平：《上海股票市场收益率与成交量因果关系研究》，《经济经纬》2007 年第 2 期。

　　② 翁富：《主力对敲做量的特征》，《股市动态分析》2015 年第 6 期。

　　③ 王杉：《中国股票市场的简单量价关系模型》，《管理科学学报》2006 年第 4 期。

第四节　交易型操纵的流动性溢价机理分析

一　流动性溢价一般性理论研究

关对流动性的定价原理一直是市场微观结构理论关注的重要内容之一，20 世纪 80 年代研究流动性溢价的文献主要包括两类：一类是流动性水平与股票资产回报率的关系研究，另一类是流动性水平的波动对投资回报率的影响研究。从相关文献来看，对于资产流动性与资产收益率研究影响最大的文献要追溯到 1986 年的 Amihud 和 Mendelson 的研究论文。他们基于不同投资者具有不同的买卖期限结构的理论假设构建了以买卖价差为基础资产定价模型，选择了纽交所与美交所 1961—1980 年的价差与组合收益率数据进行了实证研究，经验研究后他们得出两条重要结论：一是股票的报价差与其收益率呈现正相关关系，且股票资产的市场收益率为相对价差的分段线性凹增函数；二是价差较大的资产一般由较长期望投资期限的投资者持有。[1] 之后 Eleswarapu 借鉴了前者的研究，将样本期间拓展了 10 年并排除了样本中的小公司产生的偏差，在检验价差与股票收益率之间关系时发现两者的正相关关系仅存在于 1 月份。[2] Petersen 认为结合做市商交易系统，名义价差在度量投资者的交易成本时将会产生较大偏差，他们整理的实证数据还发现平均有效价差往往只有名义价差的一半，而且两者增减方向也不一致。[3] 之后 Chalmers 利用纽交所和美交所 1983—1992 年数据研究后发现有效价差对股票收益率更具有解释力。

有关股票流动性与收益率的研究不仅针对成熟资本市场，也有不少研究是以新兴资本市场为研究对象的。Rouwenhorst 利用国际财务公司

---

① Y. Amihund and H. Mendelson, "Asset Pricing and the Bid-Ask Spread", *Journal of Finacial*, No. 17, 1986.

② V. R. Eleswarapu, "Cost of Transacting and Expected Return in the NASDAQ Market", *Journal of Finance*, No. 52, 1997.

③ R. Petersen, "Liquidity Risk and Expected Stock Returns", *Journal of Political Economy*, No. 111, 2003.

的新兴资本市场数据库通过分组构建组合,对其中的 20 个国家的股票市场数据进行研究。研究结果发现,新兴资本市场股票截面收益的影响因素与成熟资本市场有一定差异:换手率与其他定价因子(规模因子、市场因子、动量因子、账面市值比等)呈现正相关关系,没有发现换手率对股票截面收益产生影响。[①] Chan 于 2002 年以对与中国类似的澳大利亚市场 1990—1998 年的数据为样本,他考虑了 FM 方法可能存在的偏差,借助于广义矩估计,以换手率作为流动性指标进行实证研究,发现可以考虑将流动性因素引入 FF 模型。Amihud 在 1991 年通过选择 398 项交易进行研究后发现,股票的非流通使得股票交易价格与全流通的公司市场价格相差 25%。张胜等人认为我国市场中存在两种股权状态:流通股与非流通股,非流通股票存在明显的价格转让折价,流动性是影响股票价格的最主要因素。[②]

二   交易型操纵与流动性溢价的产生机理分析

众所周知,股票的交易价格在一定程度上反映了市场中股票的供求关系。股价的上涨可以看作是买进的力量大于卖出力量,反之,股价的下跌就是卖出的力量大于买进的力量。从股票股价操纵过程中来看,如果某只股票被股价操纵者买入了足够数量而且暂时并不卖出,这时候如果市场处于上涨趋势,则该只被操纵的股票会因为市场上流动的股份太少而引起股价的急剧上涨,这也是庄股最本质的特征。张胜等人研究庄股操纵特征时发现,流动性因素不会显著地影响股价,只有大户持仓变量会显著影响股价。[③] 这似乎与投资者市场感受有矛盾,这可能与之前他们的变量设置及样本分配有关。向中兴在研究股价操纵不同阶段中,并利用换手率作为流动性测度之后,发现被操纵的股票流动性在操纵之

① V. T. Datar, Y. Naik and R. Radcliffe, "Liquidity and Mock Returns: An Alterative Test", *Journal of Financial Markets*, No. 1, 1998.

② Y. Amihud, "Illiquidity and Stock Returns: Cross Section and Time Series Effects", *Journal of Financial Markets*, No. 5, 2001.

③ 张胜等:《深圳股票市场"庄股市场"特征的市场分析》,《经济科学》2001 年第 3 期。

前会弱于市场平均水平，在操纵期间也会显著下降。[①] 那么对于创业板股票，出现股价操纵后其流动性会对其价格收益有哪些影响，这是本书第六章研究的问题。

　　本章首先从现实市场交易状况出发对主板市场与创业板市场进行价格、交易量、振幅等参数的对照，选择了典型创业板个股，并描述它们的交易参数，以此揭示交易型操纵的由来。构建基于市场信息不对称条件下的交易型操纵模型，假设创业板股票在交易型操纵中存在三类交易主体：第一类是市场中处于操纵地位的庄家投资者，第二类投资者假设为精明投资者或者为被动型理性投资者，第三类投资者为半理性噪声交易者。通过对股票交易的四个阶段简化处理来分析股票的价格均衡产生过程，我们可以认为市场中的投资者并不如传统理论假设的那样，他们存在一定的行为偏差：个体方面，投资者存在正反馈效应和处置效应，在被操纵股票价格上升的过程中，投资者的正反馈效应会导致股票价格的轮番上涨，而在股票价格下跌的过程中，由于处置效应的存在，投资者不愿接受损失而不会抛售股票，导致操纵者可以顺利派发；群体方面，投资者存在羊群行为，操纵者可以通过激发投资者的羊群行为操纵股票。从本章的交易型操纵模型中可以清楚地看出市场中的信息不对称和投资者的非理性行为对操纵的影响，在一个内幕交易泛滥、市场信息严重不对称的市场中，操纵容易获得成功，同时，跟风者众多的市场也会导致操纵容易实施。最后，本章重点考察了庄家操纵模型，结合股价技术分析理论，剖析了交易型操纵对价格、成交量、换手率产生潜在影响的机理。

---

　　① 向中兴：《中国股票市场价格操纵问题研究》，博士学位论文，四川大学，2006 年。

第三章　创业板股票交易型操纵动量研究

第一节　创业板股票交易型操纵与动量效应

　　股票价格运动中存在动量效应是金融市场的典型异象之一，一般认为动量效应是指股票价格的运动在一定时期内保持持续性，很多表现为上涨的持续性。[①] 从投资实践来看，动量效应也从另一方面在论证"强者恒强，弱者恒弱"的现象。如果某一投资组合在前一时期涨势较强或者较弱，那么这一组合在未来区间内将会继续保持强势或者弱势状态。自从 Jegadeesh 和 Titman（1993）发现在美国股市中购买过去 3—12 个月收益率位于前 10% 的"赢者组合"，并卖空某一时期收益率最差的 10%"输者组合"，那么在接下来的 3—12 个月投资者将会获得每月约 1% 的超额收益，这个额外的超额收益被称为动量利润。[②] 自从这两位美国学者将上述研究发表后，动量效应的研究就没从未间断。动量效应不仅在美国等成熟资本市场，在一些新兴资本市场中都发现了动量效应的存在。自从 Jegadeesh 和 Titman 提出动量效应以来，发现动量效应在美国股市中表现得越来越强烈。对于动量效应的形成和分析也有各种观点：从统计角度看，Conrad 和 Kaul 认为动量利润可以按照时间序列可预测性分解为两部分：其中一部分可通过单只股票的收益时间序列预测

---

　　①　陈收：《行为理论及评述》，《管理评论》2003 年第 10 期。

　　②　Narasimhan Jegadeesh and Sheridan Titman，"Returns to Buying Winners and Selling Losers：Implications for Stock Market Efficiency"，*Journal of Finance*，No. 48，1993.

产生，另外一部分在股票价格符合随机游走模式下会呈上升趋势，主要时有构成组合的股票平均收益率偏离横截面出现的，而且它们与投资回报的时间序列模式不相关，而且后者被认为是产生动量利润的主要来源。① 在对动量效应收益时间序列研究过程中，Moskowitz 和 Grinblatt 发现在无条件期望回报中，单纯由横截面收益率变动引发的动量利润并不显著。② Grundy 和 Martin 研究了风险调整后的动量利润情况，发现即使在扣除投资持有期平均回报后，每个月的动量利润水平还能较稳定地达到 1.3%。③ Jagadeesh 和 Titman 在前人研究的基础上得出了两项较有意义的研究结论：一是通过扩大样本规模，利用已实现回报的样本均值方差来替代期望回报的横截面方差，降低了样本规模对结果产生的影响，而且其检验结果也显示横截面差异对动量利润形成没有显著影响；二是在借助对市场因素序列相关性考察之后，发现市场中的超前滞后效应（lead-lag effect）对动量利润也没有明显贡献，从而将动量利润的存在主要归因于非市场因素时间序列相关性而不是来源于市场因素组合收益动量。④

　　在研究行业收益率过程中，Moskowitz 和 Grinblatt 发现动量利润的决定性因素是行业因素，因为他们发现在构造的赢者组合与输者组合的动量策略中，很多的公司来自于同一个行业，于是他们选择行业随机策略来检验投资绩效，而结果却是动量利润消失了，所以他们认为动量效应的存在与投资组合中的行业选择有密切关系，未必与单个公司的异质特性有关系。⑤ 然而 Grundy 和 Martin 研究结论也证实了模拟的行业策略收

　　① L. Conrad and G. Kaul，"An Anatomy of Trading Strategies"，*Review of Financial Studies*，No. 11，1998.

　　② T. J. Moskowitz and M. Grinblatt，"Does Industry Explain Momentum?"，*Journal of Finance*，No. 54，1999.

　　③ B. D. Grundy and S. J. Martin，"Understanding the Nature of Risks and the Sources of Rewards to Momentum Investing"，*Review of Financial Studies*，No. 14，2001.

　　④ N. Jegadeesh and S. Titman，"Cross-Sectional and Time-Series Determinants of Momentum Return"，*The Review of Financial Studies*，No. 15，2002.

　　⑤ T. J. Moskowitz and M. Grinblatt，"Does Industry Explain Momentum?"，*Journal of Finance*，No. 54，1999.

益为零，这不同于实际的行业动量策略收益率，所以他们认为行业因素肯定不是引发动量利润的主要决定因素，更不是唯一因素。[①] Chordia 和 Shivakumar 针对以上存在的理论冲突将经济周期分为两个阶段，一个是经济扩张阶段，一个是经济衰退阶段。他们研究后认为社会经济系统中的商业周期因素还是能够解释动量利润的存在，在经济扩张阶段存在正向动量利润，而在经济衰退阶段，投资动量策略产生负向动量收益，同时动量策略中的收益也受到一些宏观经济变量，诸如股息率、国债利率、期限结构的影响，所以单只股票的动量与行业动量之间是存在较大差异的。[②] Berk 等人对个股动量与行业动量的理解是公司的投资价值来自于公司现有资产价值以及预期未来增长创造的价值，而股票的期望回报是由公司预期资产的平均风险水平以及可获利项目数量决定的，而公司的项目投资绩效受到了商业周期的影响，从而使得公司的投资回报率具有横截面差异。[③] 除了行业周期因素外，Zarowin 研究了企业规模变量与动量利润产生的关系，发现在反向动量交易策略中获得超额收益主要是因为赢家组合中的企业规模比输家组合中的企业规模要大。[④] 无独有偶，Jagadeesh 和 Titman 也发现相对于规模较大的企业而言，小规模的公司股票的动量效应要强于大规模企业的股票。但是，Rouwenhorst 认为规模因子也不能完全解释动量利润的存在。[⑤] 从以上国外学者的研究结果看，动量效应是一种无法用传统资本资产定价理论来解释的价格异象，它的存在与行业特征、商业周期、宏观经济变量、公司自身规模变量存在密切关系，但是又无法通过投资组合中的横截面差异来解释。

---

① B. D. Grundy and S. J. Martin, "Understanding the Nature of Risks and the Sources of Rewards to Momentum Investing", *Review of Financial Studies*, No. 14, 2001.

② T. Chordia and L. Shivakumar, "Momentum, Business Cycle and Time-Varying Expected Return", *Journal of Finance*, No. 57, 2002.

③ Jonathan B. Berk, Richard C. Green and Vasant Naik, "Optimal Investment, Growth Options and Security Returns", *Journal of Finance*, No. 54, 1999.

④ P. Zarowin, "Size, Seasonality and Stock Market Overreaction", *Journal of Financial and Quantitative Analysis*, No. 25, 1990.

⑤ K. G. Rouwenhorst, "Local Return Factors and Turnover in Emerging Stock Markets", *Journal of Finance*, No. 54, 1999.

国内学者对中国 A 股市场的动量效应也开展了大量基础性研究，然而研究结论却存在一些差异，甚至自相矛盾之处。一些典型的研究如下：

周琳杰在借鉴国外研究成果的基础上，选择了 1995—2000 年的沪深两市公司样本，对 A 股市场的动量策略的盈利特征进行了实证研究，发现在假定存在卖空机制下，动量组合的形成和持有期限与其收益呈现负相关关系，从期限结构可以看出期限为一个月的超额收益明显好于其他期限。① 张谊浩以周为研究长度，选取 1995—2002 年沪深 A 股数据进行实证研究，发现中国股市短期存在反转效应，中期呈现出动量效应，而这两种效应主要是由于投资者对上市公司特质性信息反应过度导致的。② 徐信忠、郑纯毅发现 A 股市场存在时间长度约为半年的动量效应，这明显短于成熟资本市场，他们同时对 A 股市场动量效应的成因进行了挖掘，得出了规模、账面市值比、换手率等对动量效应的存在均有一定的解释能力。③ 潘莉发现 A 股个股回报率在多种时间频率下都存在明显的反转现象，交易量对于股票价格的惯性和反转存在显著的影响。④ 贾颖等人验证了不同市场投资者的策略选择，结果表明，欧美市场易出现惯性效应，亚洲市场易出现反转效应。⑤ 谭小芬将 A 股市场股票分为大小两类市值股票，在 BSV 和 HS 模型基础上，模拟了上证 180 指数交易，验证了动量效应和反转效应的存在，并对交易量冲击、收益率冲击下的股价反应不足或者反应过度与动量及反转效应的关系进行了探讨。⑥ 陈蓉等人在控制了传统动量效应和系统性风险后，发现动量组合收益仍然为正值，在考虑了交易成本后动量收益不显著，说明处置效应和锚定效应是引发动量效应的诱因，而交易成本则阻碍了投机套利。

---

① 周琳杰：《中国股票市场动量策略赢利性研究》，《世界经济》2002 年第 8 期。

② 张谊浩：《中国股市反向效应和动量效应的实证研究》，《经济管理》2003 年第 22 期。

③ 徐信忠、郑纯毅：《中国股票市场动量效应成因分析》，《经济科学》2006 年第 1 期。

④ 潘莉：《A 股个股回报率的惯性与反转》，《金融研究》2011 年第 1 期。

⑤ 贾颖等：《"次贷危机"下发达国家和地区股票指数的惯性效应与反转效应——以美国、日本、欧洲、香港为例》，《金融研究》2011 年第 8 期。

⑥ 谭小芬：《中国 A 股市场动量效应和反转效应：实证研究及其理论解释》，《金融评论》2012 年第 1 期。

这些结论比较符合 A 股市场的现实状况。① 高秋明等人选择了 1994—2011 年的数据考察了不同长度形成期、持有期的动量效应，研究发现规模因子、账面市值比和行业因素可以解释约 50% 的动量收益，而且现有的金融理论无法解释不同组合资产的收益率差异，这可能由于动量效应在两种组合中形成机理存在差异。② 但是对于我国资本市场中是否也存在动量效应，一部分学者持有不同的观点。例如，王永宏等人以我国 1993 年以前的股票为研究样本，发现沪深两市的上市公司并没有明显的动量效应存在，但存在较为明显的收益反转现象。③ 罗洪浪等人利用 1995—2002 年的股票数据，考察了均值标准差配置对动量策略和反转策略的赢利性的影响，发现动量策略中赢输组合都没有表现出相应的收益惯性。④ 郭磊等人基于资本资产定价与动量效应，对比了中美股市的动量效应，发现中国市场赢者组合过早出现反转，致使动量策略不能有效获利。⑤

国内学者除了对我国资本市场中是否存在动量效应进行了大量的实证研究，对动量效应的影响因素也做了探讨，例如，王志强等人选取了 A 股市场 1991—2005 年的股票样本，将股票按照盘面规模大小、价格高低、换手率水平等研究后发现，相对于小盘、低价和高换手率的股票，大盘、高价和低换手率的股票具有较高的动量收益。⑥ 朱战宇等人选取 1994—2001 年 A 股市场数据为样本，按照交易量和收益率双标准进行排序，发现低交易量组合的股票存在价格动量，而高交易量赢者组

① 陈蓉等：《动量效应的行为金融学解释》，《系统工程理论》2014 年第 3 期。

② 高秋明等：《中国 A 股市场动量效应的特征和形成机理研究》，《财经研究》2014 年第 2 期。

③ 王永宏等：《中国股市惯性策略和反转策略的实证分析》，《经济研究》2001 年第 6 期。

④ 罗洪浪等：《中国股市动量策略与反向策略的赢利性》，《系统工程理论方法应用》2004 年第 6 期。

⑤ 郭磊等：《基于收益分解的股票市场动量效应国际比较》，《系统管理学报》2007 年第 2 期。

⑥ 王志强等：《动量效应的最新研究进展》，《世界经济》2006 年第 12 期。

合的股票发生显著的价格反转。[①] 吴世农等人选取 1995 年 4 月—2004 年 6 月沪深两市 A 股数据为样本，结果表明以规模、益本比率与净市值比率进行的交叉风格划分，存在显著的中期风格动量。从现有成果来看，不同公司的规模因子、成长性、市场受关注程度、相对于市场均价高低、交易成本等都可能对单个股票的动量效应产生影响。[②]

第二节　创业板股票全周期下价格动量效应

价格动量效应也被称为惯性效应，主要是指在过去期间回报率高的某一只股票或者投资组合在未来一段时期仍然会保持相对比较高的回报率。与动量效应相对应的是反转效应，反转效应被认为是投资者过度反应的结果，其含义是指在过去期间回报率高（低）的某一股票或者投资组合在未来一段时期会变成回报率比较低（高）。动量效应可以表示为 $E\ (r_{t+1}\mid z_t=G)\ >E\ (r_{t+1}\mid z_t=B)$，意味着股票在下一时期的平均收益要高于投资者获得坏消息后下一时期的市场股票收益。类似的，反转效应可以表示为 $E\ (r_{t+1}\mid z_t=G,\ z_{t-1}=G,\ \cdots,\ z_{t-j}=G)\ <E\ (r_{t+1}\mid z_t=B,\ z_{t-1}=B,\ \cdots,\ z_{t-j}=B)$；$j\geqslant 1$，意味着即使投资者在听到好消息后的投资平均收益率显著小于听到坏消息之后的平均回报率，往往是市场发生行情反转时的真实描述。

按照法码的理论，市场有效状态是指股票价格已经充分及时地反映了股票所有的历史、现在、潜在信息，股票价格已经是位于反映公司内在投资价值的均衡点上，投资者不能依靠任何私有或者公开的信息来获得超额报酬率。如果创业板公司存在庄家交易型操纵，那么在创业板股价运动过程中的某一阶段必然会产生动量效应。

基于国内外研究文献，本书将在现有研究的基础上对创业板动量效应研究进行拓展，第一，检验周期的设置，由于我国股市相对于国

---

① 朱战宇等：《不同检验周期下中国股市价格动量的盈利性研究》，《世界经济》2005 年第 8 期。

② 吴世农等：《我国股票市场"价格惯性策略"和"盈余惯性策略"的实证研究》，《经济科学》2003 年第 4 期。

外的股市交易活跃、筹码换手率高，如果沿袭国外设置的月度周期，很可能会产生检验期间过长而遗失了很多重要交易特征信息，所以本书将创业板的动量效应周期确定为周和月两种，这样得出的结论将更为全面。第二，创业板研究样本区间包括完整的研究周期，将分两阶段选择样本数据来研究创业板样本股的动量效应，一个是创业板自上市的 2009 年 10 月 30 日至 2013 年 9 月 30 日的交易数据，另一个是 2012 年 12 月 3 日至 2013 年 9 月 30 日的交易数据（这段时间创业板股票产生了明显的操纵收益）。第三，之前的研究在确定样本数量时，基本上为大样本，本书着眼于交易型操纵产生的动量效应，同时为了保证数据的统计质量，拟选择首批上市的 28 家创业板上市公司作为研究对象，这样可以防止样本成分股的动量效应抵消，而影响了个股交易型操纵产生的动量值。

借鉴 Jagadeesh 的重叠法，假设样本股数量为 N，其中股票 i 的 τ 时刻的收益率为 $R_{i\tau}$ 的矩阵表示为：

$$Ri\tau = \begin{bmatrix} R_{11} & \cdots & R_{i1} & \cdots & R_{N1} \\ \vdots & \ddots & \vdots & \ddots & \vdots \\ R_{1\tau} & \cdots & R_{i\tau} & \cdots & R_{N\tau} \\ \vdots & \ddots & \vdots & \ddots & \vdots \\ R_{1t} & \cdots & R_{it} & \cdots & R_{Nt} \end{bmatrix}$$

考虑在过去时刻 τ 将股票 i 在过去 J 个期间的平均报酬率按照升序进行排列，选择收益率最高的 10% 定义为赢者组合，选择收益率最低的 10% 定义为输者组合。同时考虑零成本动量策略，买入赢者组合的同时卖出输者组合，观察它们在未来持有期间的收益情况。本书拟选取两个期间：一是 2009 年 10 月 30 日至 2013 年 9 月 30 日（创业板上市以来全周期），二是 2012 年 12 月 3 日至 2013 年 9 月 30 日（操纵期）作为创业板研究期间，考虑到整个期间长度较短，借鉴朱占宇、潘莉选择周作为重叠频率，选择锐思金融数据库中创业板首批上市的 28 家公司作为样本。为了保证数据的统一性，数据收益率统一按照向前复权处理，将形成期和持有期分别设为 1、2、4、8 周，研究创业板短期市场收益的动量效应和反转效应（变量设置见表 3-1）。

表 3-1   收益率变量标识

标识	含义
RB1	前一周收益率（形成期）
RB2	前二周收益率（形成期）
RB4	前四周收益率（形成期）
RB8	前八周收益率（形成期）
RA1	后一周收益率（持有期）
RA2	后二周收益率（持有期）
RA4	后四周收益率（持有期）
RA8	后八周收益率（持有期）

组合收益计算方法主要按照形成期的累计收益率进行排序，借鉴 Jagadeesh 的分位数思想，赢者组合是指在形成期收益率排名靠前的前 10% 股票组合，而输者组合是指收益率最低的组合，通过分别计算赢者输者组合收益判断创业板市场是否存在动量收益，判断创业板市场是否存在动量或者反转特征。收益率参数全部为对数收益率，直观上先分析形成期的收益率与持有期的收益率之间的符号关系及收益率的排序特征。相关性分析结果如表 3-2 所示。

表 3-2   相关性分析结果

	RA1	RA2	RA4	RA8
RB1	-0.153	0.285	-0.295	-0.202
RB2	0.174	0.122	-0.284	-0.234
RB4	-0.142	-0.179	-0.143	0.284
RB8	-0.246	-0.283	-0.239	-0.290

从表 3-2 中创业板上市公司的数据结果来看，自从创业板创立后 2009 年 10 月 30 日至 2013 年 9 月 30 日期间，总体呈现出一定的反转效

应，在部分时间周期上有一定的动量效应存在。从相关系数矩阵来看，在不同持有周期长度下，价格收益有一定的相关性，但是整体相关程度不高，在 -0.3 与 +0.3 之间，这也说明对于创业板市场创立以来，依靠反转效应获取超额收益是较为困难的。在形成期为一周时，而持有期间中有三个参数取值为负值，一个参数取值为正值，可以认为形成期与持有期的收益有一定反转效应；在形成期为两周时，持有期为一周、两周，收益参数表现出动量效应，而在持有期为四周和八周时，则呈现出一定的反转效应；在形成期分别为四周和八周时，表中数据较为统一。可以看出形成期与持有期之间存在负相关关系，表现为一定的反转效应。

对于赢者输者组合的收益计算，以 W_{ij} 表示，下标 i 表示形成期，下标 j 表示持有期长度；类似 L_{ij} 表示形成期为 i，持有期 j 为的输者组合收益。赢者输者组合收益率测算与效应判断如表 3 - 3 所示。

表 3 - 3　　　　　　赢者输者组合收益率测算与效应判断

变量	平均收益率	T 检验 P 值	效应判断
W_{11}	-0.013	0.002	反转效应
L_{11}	-0.008		
W_{12}	-0.014	0.018	反转效应
L_{12}	-0.010		
W_{14}	-0.022	0.015	反转效应
L_{14}	-0.017		
W_{18}	-0.048	0.001	反转效应
L_{18}	-0.033		
W_{21}	-0.005	0.003	反转效应
L_{21}	-0.004		
W_{22}	-0.016	0.081	反转效应（较显著）
L_{22}	-0.012		
W_{24}	-0.027	0.004	反转效应
L_{24}	-0.013		

续表

变量	平均收益率	T检验 P 值	效应判断
W_{28}	−0.050	0.055	反转效应（较显著）
L_{28}	−0.031		
W_{41}	−0.008	0.004	反转效应
L_{41}	−0.039		
W_{42}	−0.014	0.006	反转效应
L_{42}	−0.009		
W_{44}	−0.032	0.001	反转效应
L_{44}	−0.018		
W_{48}	−0.054	0.002	反转效应
L_{48}	−0.031		
W_{81}	−0.007	0.005	反转效应
L_{81}	−0.004		
W_{82}	−0.016	0.003	反转效应
L_{82}	−0.008		
W_{84}	−0.030	0.001	反转效应
L_{84}	−0.143		
W_{88}	−0.048	0.002	反转效应
L_{88}	−0.025		

从上述计算结果来看，创业板市场自成立以来，呈现出较强的反转效应，虽然在上述赢者输者组合计算过程中形成期和持有期（2，2）、（2，8）组合呈现出 10% 水平下的显著性，反映出在创业板交易过程中，股价波动存在投资者非理性特征，有一定程度的追涨杀跌的投机心理。

第三节　创业板股票操纵期间价格动量效应

冯科对我国中小板上市公司研究后认为，中小板市场是否存在反转或者动量的现象与研究者所采用的研究方法以及样本所选取的时间区间、频率有非常显著的关系。[①] 所以对创业板市场是否存在动量效应或者反转效应也要从不同的时间区间加以考察，前面已经从创业板市场整个周期考察了创业板市场，下面主要考察 2012 年 12 月 3 日至 2013 年 9 月 30 日期间，创业板市场经历了与主板市场完全独立的牛市行情，考察该区间的动量效应，为理解创业板市场的操纵行为提供经验性的证据。

从表 3 - 4 中的数据结果来看，自从创业板创立后 2012 年 12 月 3 日至 2013 年 9 月 30 日期间，总体呈现出很强的动量效应。从相关系数矩阵来看，不同持有周期长度下，价格收益较高的相关性，相关系数取值为正值，在 0.4 与 0.9 之间波动。从中可以看出，创业板市场及个股存在较长时期的动量效应，而且在该段区间表现出较强的收益正相关性，与之前的反转效应正好形成对比。

表 3 - 4   相关性分析结果

	RA1	RA2	RA4	RA8
RB1	0.453	0.685	0.595	0.702
RB2	0.574	0.622	0.684	0.734
RB4	0.642	0.679	0.643	0.784
RB8	0.646	0.783	0.839	0.890

在形成期为一、二、四、八周时，而持有期为一、二、四、八周的收益皆为正值。在结果结算过程中，不同周期组合下的收益幅度有所区别，但是随着时间长度的加长，动量收益越明显，这与在此期间的持续性上涨行情有密切联系。

对于该段区间的赢者输者组合的收益计算结果见表 3 - 5。

---

① 冯科：《短期动量效应与收益反转效应研究》，《财经理论与实践》2013 年第 3 期。

表 3 – 5 赢者输者组合收益率测算与效应判断

变量	平均收益率	T 检验 P 值	效应判断
W_{11}	− 0.012	0.002	动量效应
L_{11}	− 0.007		
W_{12}	− 0.011	0.013	动量效应
L_{12}	− 0.007		
W_{14}	− 0.018	0.012	动量效应
L_{14}	− 0.011		
W_{18}	− 0.053	0.001	动量效应
L_{18}	− 0.030		
W_{21}	− 0.004	0.002	动量效应
L_{21}	− 0.001		
W_{22}	− 0.013	0.011	动量效应
L_{22}	− 0.010		
W_{24}	− 0.023	0.007	动量效应
L_{24}	− 0.011		
W_{28}	− 0.043	0.005	动量效应
L_{28}	− 0.018		
W_{41}	− 0.017	0.014	动量效应
L_{41}	− 0.015		
W_{42}	− 0.013	0.003	动量效应
L_{42}	− 0.007		
W_{44}	− 0.021	0.003	动量效应
L_{44}	− 0.013		
W_{48}	− 0.039	0.009	动量效应
L_{48}	− 0.028		
W_{81}	− 0.016	0.005	动量效应
L_{81}	− 0.004		
W_{82}	− 0.014	0.004	动量效应
L_{82}	− 0.006		
W_{84}	− 0.027	0.006	动量效应
L_{84}	− 0.129		

续表

变量	平均收益率	T检验P值	效应判断
W_{88}	−0.043	0.003	动量效应
L_{88}	−0.021		

从上述计算结果来看，创业板市场指数在该段区间动量效应都通过了显著性检验，说明创业板市场个股存在较高的市场联动性，而且动量收益在该段区间发现与时间周期长度呈现出正相关关系。

第四节　基于换手率水平分组的价格动量效应

关于动量效应是否存在的研究已经得到广泛关注，国内外学也对动量效应强度的相关影响变量（诸如换手率、交易额等交易变量）深入研究。由于不同学者选择了不同的样本对象，得出的结论也存在一定的差异。Chan 在考察动量效应与交易量关系时，采用动量投资策略，发现动量收益水平与成交量呈现明显的正相关关系。[1] 美国学者 Lee 将研究样本分为高换手率组和低换手率组，并以此来对动量效应与换手率进行分析，研究发现换手率高低与动量效应强弱呈现一定的正相关关系。[2] Chui 选择 5 个亚洲国家新兴资本市场为取样对象来研究换手率和动量效应之间的关系，发现新兴资本市场股票的换手率与动量效应之间关系非常密切，高换手率组股票的动量效应收益是低换手率组的 5 倍[3]。这反映出新兴资本市场中，高换手行为很可能是动量效应预测指示指标。[4] 类似的研究，Rouwenhorst 选择了全世界范围内 20 个新兴资本市场国家的股票作为研究

---

① L. K. C. Chan, N. Jegadeesh and J. Lakonishok, "Momentum strategies", *Journal of Finance*, No. 51, 1996.

② C. Lee and B. Swaminathan, "Price Momentum and Trading Volume", *Journal of Finance*, No. 55, 2000.

③ A. Chui, S. Titman and K. C. J. Wei, *Momentum, Ownership Structure and Financial Crises: an Analysis of Asian Stock Markets*, Working Paper, University of Texas at Austin, 2000.

④ L. K. C. Chan, N. Jegadeesh and J. Lakonishok, "Momentum Strategies", *Journal of Finance*, No. 51, 1996.

对象，发现在 20 个国家中有 16 个国家赢者组合的换手率明显高于输者组合的换手率。[1] Markus 以德国市场股票作为研究对象，考察动量效应与换手率两者之间的关系，研究结果发现德国市场中高换手率的股票组其动量效应收益也较高。[2] 也有研究得出了不同的结论：Nagel 研究发现换手率与股票动量强度之间没有发现显著的相关关系，换手率与研究样本的账市比相关程度较高。[3] Hameed 以 6 个国家资本市场作为研究对象，在考察了动量效应与换手率关系后发现，低换手率股票组没有发现动量效应的存在，而在其中两个国家的高换手率组中发现存在明显的动量效应。[4]

为了考察创业板上市公司换手率与动量效应的关系，分析换手率高低水平对动量收益的影响，按照周换手率水平进行分组，将样本参数中的换手率中位数 50% 作为分界线，考察在 2012 年 12 月 3 日至 2013 年 9 月 30 日期间的动量效应（见表 3 - 6）。

表 3 - 6　　　　　　　　不同换手率水平下的动量效应计算

i	组合	高换手率				低换手率			
		j				j			
		1	2	4	8	1	2	4	8
1	赢者	0.182	0.315	0.351	0.412	0.358	0.270	0.148	0.010
	输者	0.560	0.300	0.615	0.967	0.501	0.358	0.501	0.944
2	赢者	0.207	0.270	0.378	0.482	0.372	0.247	0.231	0.140
	输者	0.495	0.438	0.668	1.012	0.626	0.392	0.668	1.015

[1]　K. G. Rouwenhorst, "International Momemtum Strategies", *Journal of Finance*, No. 53, 1999.

[2]　G. Markus and M. Weber, *Momentum and Turnover: Evidence From the German Stock Market*, Working Paper, Mannheim University, 2002.

[3]　S. Nagel, *Momentum Caused by Delayed Overreaction*, Working Paper, London Business School, 2002.

[4]　A. Hameed and Y. Kusnadi, "Momentum Strategies: Evidence from Pacific Basin Stock Markets", *Journal of Financial Research*, No. 25, 2002.

续表

i	组合	高换手率				低换手率			
		j				j			
		1	2	4	8	1	2	4	8
4	赢者	0.329	0.344	0.385	0.457	0.322	0.392	0.438	0.182
	输者	0.385	0.445	0.658	0.718	0.378	0.432	0.626	0.936
8	赢者	0.419	0.285	0.358	0.399	0.239	0.315	0.501	0.148
	输者	0.495	0.482	0.626	0.742	0.438	0.392	0.642	0.875

通过上表中计算结果可以看出，换手率因素会影响到创业板上市公司的动量效应，高换手率组创业板股票相对于低换手率组创业板股票有更高的动量收益。

本章通过研究发现，相对于主板市场、中小板市场，创业板股票资产在动量效应与反转效应方面有着完全不同的特点。本章首先阐述了动量效应与反转效应的概念、测度思路，然后针对两个不同长度时间区间（一是 2009 年 10 月 30 日至 2013 年 9 月 30 日，二是 2012 年 12 月 3 日至 2013 年 9 月 30 日）考察创业板市场股票的动量效应。

在第一个研究期间下，从相关系数矩阵来看，在不同持有周期长度下，价格收益有一定的相关性，但是整体相关程度不高，在 -0.3 与 +0.3 之间，这也说明自创业板市场创立以来，依靠反转效应获取超额收益是较为困难的。在形成期为一周时，而持有期间中有三个参数取值为负值，一个参数为正值，可以认为形成期与持有期的收益有一定反转效应；在形成期为两周时，持有期为一周、两周长度，收益参数变现出动量效应，而在持有期为四周和八周时，则呈现出一定的反转效应；在形成期分别为四周和八周时，表中数据较为统一，可以看出形成期与持有期之间存在负相关关系，表现为一定的反转效应。

在第二个研究期间下，在各不同的形成及持有期间下，创业板市场个股存在较明显的动量效应，而且它们股价波动之间存在一定的市场联动性，而且动量收益在该段区间发现与时间周期长度呈现出正相关关系。

　　最后，本章考察了换手率因素对创业板股票动量效应的影响，研究结果发现相对于换手率较低的市场组而言，换手率高的市场组的动量收益更高，动量效应表现得更为明显。

第四章　创业板股票交易型操纵动态量价关系研究

第一节　股票量价关系研究简述

股票量价关系是市场微观结构理论重要组成部分，很多学者对股票的回报率、交易量信息以及波动性关系进行了实证研究，取得了很多有价值的结论，而对创业板量价关系进行研究也是揭示创业板股票交易型操纵微观特征的重要方面。

克拉克基于交易价格与交易量混合分布特征提出了混合分布假设（MDA 假设）。[1] 之后 Epps 拓展了该假设，假设在股票的单次交易过程中股价变化的方差是以其交易量为条件的条件方差，基于该模型他们发现价格波动幅度与交易量之间的相关关系存在于不同周期、不同样本的交易数据中。[2] 他还将交易量参数作为交易次数的替代变量处理，发现某些日交易峰度特征在转化之后却消失了。除了日间数据，Wood、Ord 将样本时间周期拓展到分钟，样本数量扩展到上千只股票。[3] Harris 将时间间隔也作为相关变量引入到对于量价相关关系的研究中去，并发现

① P. Clark，"A Subordinated Stochastic Process Model with Finite Variance for Speculative prices"，*Econometrica*，No. 41，1973.

② T. W. Epps，"Security Price Changes and Transaction Volumes：Theory and Evidence"，*American Economic Review*，No. 65，1976.

③ R. A. Wood，T. H. Mclnish and J. K. Ord，"An Investigation of Transactions Data for NYSE Stocks"，*Journal of Finance*，No. 6，1985.

在日交易数据和其他交易层面的数据特征存在差异。[1]

Jennings 发现股票贝塔系数的估计值对信息获得数量较为敏感，继而证明了信息到达数量也是量价关系中的重要影响变量。这说明交易量参数可以被视为信息流速的测度变量，交易量可以转化为交易时间来反映其对股票收益的影响。这为通过交易量来描述市场信息不对称条件下的交易过程提供了可能，也可以通过该参数研究信息数量、质量与股票资产收益率之间的相关关系。[2] Harris 认为系统性风险也会影响到交易量，如果信息到达频率与股票价格序列的条件均值参数成比例，也就暗示混合分布假设中有一个量价的相关关系，即认为价格与交易量都可能与信息到达数量相关，当然这其中的联系目前还没有充分的理论解释。[3]

20 世纪 90 年代以后，对于量价关系检验的代表性成果有 Rogalski、Antonniewicz、Smirlock 等人借助于线性格兰杰因果模型，配合 Copeland、JSF、MDA 等分析工具来解释量价关系。Brock 撰文认为，在股票市场价格波动非线性化趋势日益明显，在计算机处理与预测分析技术不断完善背景下，非线性模型可以较好地描述股价的运动规律。[4] 在他们发现量价序列具有非线性特征后，对于量价非线性关系的模型解释与构造便逐渐成为研究热点问题。Blume 基于交易者存在相关的估价误差构建了量价非线性理论噪声交易模型，并假设股价的快速变动与突发性的波动以及不同类型投资者的交易量有关。[5] Campell、Grossman 和 Wang 通过构建一个基于两种类型风险厌恶交易者的模型，发现股票收益率的自相关程度与交易量之间呈现非线性函数关系。他们的模型揭示出交易

① L. Harris, "Cross-security Tests of the Mixture of Distributions Hypothesis", *Journal of Financial and Quantitative Analysis*, No. 21, 1986.

② R. H. Jennings, L. T. Starks and J. C. Fellingham, "An Equilibrium Model of Asset Trading with Sequential Information Arrival", *Journal of Finance*, Vol. 36, No. 1, 1981.

③ L. Harris, "Transaction Data Tests of the Mixture Distribution Hypothesis", *Journal of Financial and Quantitative Analysis*, No. 22, 1984.

④ W. A. Brock and A. W. Kleidon, "Periodic Market Closure and Trading Volume: A Model of Intraday Bids and Asks", *Journal of Economic Dynamics and Control*, No. 16, 1992.

⑤ L. E. Blume, D. Easley and M. O'Hara, "Market Statistics and Technical Analysis: The Role of Volume", *Journal of Finance*, Vol. 46, No. 1, 1993.

者只有在获得额外收益的前提下才会有交易动机，这会导致股价在变动后交易量会有一个非正常的增加。反之，与信息相关的交易完成后，不会立刻出现反转（直到有新信息出现）。他们找到了相应的证据来支持他们的研究结论和预测结果。[①]

国内学者对于股票交易过程中量价关系的探讨主要集中在股票、股指期货、黄金石油投资方面，比较有影响力的研究主要有：

王承炜主要通过格兰杰因果检验工具验证沪深两市的成交量与价格收益之间是否存在因果关系，在进行线性和非线性因果检验得出了不同的结论，沪深两市量价呈现出非线性因果关系，但是在做出量价的周末效应和 GARCH 效应调整后，成交量与价格之间的所有因果关系便消失了。从混合分布假设角度去理解，我国股票市场中量价的波动十分依赖于信息的变动。[②]翟爱梅基于投资者实际非理性假设，利用比较静态分析方法，发现股票价格变化的绝对值与股价变动呈现出正比例关系，积极消息和消极消息给成交量和价格带来的冲击效果是非对称的，很多时候由于利好消息会刺激成交量的明显放大，而利空消息带来的是股价下跌缩量调整。[③]夏天基于混合分布理论假设，利用条件自回归极差模型研究资产价格的连续波动与成交量之间的关系，研究发现我国不仅市场综合量价存在 CARR 效应，个股的量价关系中也存在较为稳健的 CARR 效应。[④]封福育利用分位数回归工具较为系统地分析量价关系，得出了均值附近量价呈现出协同关系，而在左尾处量价呈现出一定的扭曲特征，表现为量价的反向变动。[⑤]王新宇针对创业板股价新发上市后股价出现破发的情形，利用贝叶斯估计推理以及马尔科夫链蒙特卡罗模拟方法构建分位数回归模型，研究创业板上市公司首日上市后的量价关系，

① J. Campell, S. Crossman and J. Wang, "Trading Volume and Serial Correlation in Stock Returns", *Quarterly Journal of Economics*, No. 108, 1993.

② 王承炜：《中国股市价格交易量的线性及非线性因果关系研究》，《管理科学学报》2002 年第 8 期。

③ 翟爱梅：《基于量价关系的股价塑性和弹性研究》，《中国管理科学》2011 年第 8 期。

④ 夏天：《基于 CARR 模型的交易量与股价波动性动态关系的研究》，《数量统计与管理》2007 年第 9 期。

⑤ 封福育：《我国沪深股市量价关系实证分析》，《商业经济与管理》2008 年第 6 期。

以及日内模式下的个股与上证指数走势之间的关系，发现在变点后股价主要受到大盘交易量的影响，在变点前个股交易量对价格影响占支配地位。[1] 卢米雪基于条件自回归极差模型，在高频数据环境下研究股票市场交易量和股价波动性的动态关系，选择了沪深 300 指数 5 分钟交易数据为研究对象，发现非预期交易量对股价波动有一定的预测和解释能力，而且非预期交易行为对市场波动具有非对称性，非预期交易量是影响股价波动的主要因素。[2]

第二节　创业板指数动态量价关系格兰杰因果检验实证研究

上一章重点研究了创业板市场个股非对称信息条件下的动量效应，并考察了不同时间周期和不同换手率条件下的超额回报率情况。既然股票价格是在经历多种类型交易者博弈之后的均衡结果，那么交易量时间序列必然会随着市场信息供给产生正相关或者负相关的结果。而且也有理论研究表明，交易量时间序列存在收益序列类似的 GARCH 特征。本章着重研究创业板市场实际交易量及换手率，研究交易量与回报率、波动性之间的关系，从中找出创业板市场的量价关系特征与交易量、换手率所能够解释的信息传导与市场信息含量，并选择个股交易数据论文相关的量价特征。

本章首先利用 Granger 因果检验工具对创业板市场的交易量与回报率之间的相互解释能力进行检验，尝试发现在创业板市场中是否存在量价的因果关系，在检验周期上也分为两个期间，一个是创业板存续的整个期间（2010 年 6 月 4 日至 2013 年 9 月 30 日），一个是交易型操纵期间（2012 年 12 月 7 日至 2013 年 9 月 30 日）。为了考察创业板市场中的信息揭示能力，在混合分布假设（MDH）基础上，在 GRACH 模型中

---

① 王新宇：《我国创业板 IPO 首日高频量价分位相关的变点分析》，《系统工程理论与实践》2013 年第 7 期。

② 卢米雪：《基于 CARR-X 模型的股市高频环境下量价关系动态研究》，《求索》2013 年第 12 期。

加入交易量变量，进而建立交易量与回报波动性的联系，进而分析创业板市场个股对市场信息的揭示能力。

为了研究创业板股票市场的收益率、波动性与成交量的相互关系，将利用 Granger 模型进行分析。Granger 模型的基本假设是两个平稳的时间序列，是否存在一个时间序列的过去只会影响另外一个时间序列的当前或者未来值。其中的因果关系也分为单项和双向的因果关系。本书分别选择创业板综合指数和每日成交量数据作为两个时间序列。时间序列周期上分别选择日、周参数、日收益率、日成交量、周收益率和周成交量参数。本书的分析数据来自于 Choice 投资分析专家系统，相关的价格已经经过除权处理，收益率采用对数差分方式计算 [$x_t = \ln(p_t/p_{t-1})$]，成交量单位为手，采用对数方式处理。

2010 年 6 月 4 日至 2013 年 9 月 30 日期间共有样本数为 804 个，2012 年 12 月 7 日至 2013 年 9 月 30 日期间共有样本数为 194 个，基本统计参数见表 4－1，序列参数的处理采用 Eview6.0 进行处理。

表 4－1　　创业板两个期间的日收益率与日成交量序列基本统计量

	2010 年 6 月 4 日至 2013 年 9 月 30 日		2012 年 12 月 7 日至 2013 年 9 月 30 日	
	成交量	收益率	成交量	收益率
样本量	804	804	194	194
均值	6.18E＋09	0.057464	8.79E＋09	0.423573
中位数	4.46E＋09	0.124100	7.06E＋08	0.675200
偏度	2.772148	－0.250538	1.805741	－0.184355
峰度	10.45642	3.569027	4.757461	2.809875
JB 检验	2892.302	19.25813	130.3961	1.391102

因为 Granger 因果检验需要针对平稳性序列进行，所以需要先判断创业板日收益率、日交易量时间序列的平稳性，主要采用 ADF 检验。对时间序列 X 的 ADF 检验一般形式为：

$$x_t = \alpha_1 \Delta x_{t-1} + \alpha_2 \Delta x_{t-2} + \dots + \alpha_p \Delta x_{t-p} + \alpha + \rho t + \varepsilon_t$$

原假设 H0：$\rho - 1 = 0$，即 $\rho = 1$；备择假设 H1：$\rho - 1 < 0$，即 $\rho < 1$。

如果序列 X 含有单位根则意味着将要接受原假设，反之将拒绝原假设，接受备择假设，即 X 为平稳序列。对于滞后阶数的选择将根据 Schwert（1989）法则，P 的最大值为 $[12(T/100)^{1/4}]$，本书中的滞后阶数为12 阶，X 序列的 ADF 检验结果如表 4-2 所示。

表 4-2　　　　创业板指数收益率、交易量 ADF 检验结果

时间窗口与变量	ADF 检验值	1% 水平下临界值
2010 年 6 月 4 日至 2013 年 9 月 30 日收益率	-21.129	-3.438
2010 年 6 月 4 日至 2013 年 9 月 30 日交易量	-2.942	-3.438
2012 年 12 月 7 日至 2013 年 9 月 30 日收益率	-11.505	-3.464
2012 年 12 月 7 日至 2013 年 9 月 30 日交易量	-2.149	-3.464

通过表 4-2 可以看出在 2010 年 6 月 4 日至 2013 年 9 月 30 日（期间 1）、2012 年 12 月 7 日至 2013 年 9 月 30 日（期间 2）两个样本期间的收益率序列均在 1% 的显著性水平上拒绝了存在单位根的原假设。然而成交量在前一个期间在 5% 的显著性水平下拒绝原假设，而在第二个期间则无法拒绝原假设，这说明在第二个期间的成交量时间序列为非平稳状态，这可能与样本长度或者创业板交易潜在特性有关系。这明显区别于沪深两市的收益率与交易量序列的交易特征。

下面主要围绕创业板的第一个长周期进行 Granger 因果检验。

表 4-3　　　　创业板板块量价关系因果检验

原假设	滞后阶数					
	2	4	6	8	10	12
SYL804 does not Granger Cause LNCJL804	86.46 (0.00) 拒绝	48.02 (0.00) 拒绝	34.13 (0.00) 拒绝	25.72 (0.00) 拒绝	20.88 (0.00) 拒绝	17.24 (0.00) 拒绝
LNCJL804 does not Granger Cause SYL804	1.44 (0.23) 不拒绝	0.957 (0.43) 不拒绝	2.19* (0.03) 拒绝	1.95* (0.04) 拒绝	1.53 (0.12) 不拒绝	1.30 (0.21) 不拒绝

从表4-3因果关系检验结果可以看出，对于创业板板块来说，从滞后阶数2、4、8、10、12都可以看出，收益率上升是成交量增加的Granger原因，说明随着股价的上升，投资者以价格上涨为信息，间接印证了我国股票市场上普遍的"追涨杀跌"的操作模式。从成交量对收益率的因果关系检验来看，在滞后阶数为6、8阶时，在5%显著性水平下通过了检验，而在滞后阶数为2、4、10、12时，不能拒绝原假设，可以推断出成交量的放大未必带来价格与收益的增加，这也是符合股票市场投资的实际情况。因为股票资产价格既可能是放量上涨，也可能是缩量上涨。对于创业板股票上涨过程中，很可能会出现上涨时伴随着"惜售"的情况。

除了研究创业板板块指数外，本书通过计算10只超额回报率最大的创业板股票的成交量和收益率参数，考察这两个参数的因果关系，选择10只股票分别为：300027、300017、300006、300026、300024、300012、300005、300014、300001、300020。

表4-4　　　　　　　10只创业板股票的统计特征值（期间1）

股票代码		均值	标准差	偏度	峰度	JB检验
300027	cjl	7478985.	7427591.	2.299872	8.470999	1590.160
	syl	0.214156	2.837384	0.440702	5.090820	160.2440
300017	cjl	2760139.	1882041.	1.759788	7.138723	967.8934
	syl	0.216848	3.307697	0.315589	3.929474	41.39313
300006	cjl	1296491.	1215066.	2.379996	12.28604	3647.751
	syl	0.142359	2.576603	0.064747	4.970409	130.6259
300026	cjl	1455145.	1352869.	2.300242	11.72233	3257.659
	syl	0.170072	2.583122	0.389813	4.620786	108.3646
300024	cjl	3568774.	2597801.	1.955849	8.305449	1455.547
	syl	0.130767	2.940336	0.037022	4.376527	63.66039
300012	cjl	1383617.	1833377.	3.173492	15.21983	6351.880
	syl	0.138565	2.609957	0.197325	4.115204	46.88089

续表

股票代码		均值	标准差	偏度	峰度	JB 检验
300005	cjl	2163551.	2034734.	3.033086	15.72258	6655.196
	syl	0.123279	2.569264	0.317194	4.369273	76.29146
300014	cjl	3361574.	2574225.	1.700999	7.559804	1084.241
	syl	0.122530	3.004168	0.293225	4.186134	58.65305
300001	cjl	1281901.	996201.8	2.400214	11.99093	3480.012
	syl	0.003254	2.770430	0.272583	4.487309	84.06139
300020	cjl	3150398	2277321.	1.647417	11.03957	2528.938
	syl	0.089716	2.789331	-0.056478	4.027702	35.80915

表 4 - 5　　　　　　　10 只创业板股票的统计特征值（期间 2）

股票代码		均值	标准差	偏度	峰度	JB 检验
300027	cjl	16894624	10149448	0.595397	2.634088	10.022
	syl	1.2424	4.2086	0.2077	2.9098	1.1670
300017	cjl	2633737	1007999	0.7869	3.9522	26.7917
	syl	0.7792	3.7611	0.3958	2.9405	4.9907
300006	cjl	2617068	1672940	1.8260	7.6031	181.2626
	syl	0.4518	3.2970	0.3613	3.3895	3.5388
300026	cjl	2297648	1194472	1.8626	9.0904	405.6521
	syl	0.387	2.859	0.35	3.348	4.866
300024	cjl	6605832	3100118	1.131	5.283	82.261
	syl	0.354	3.15	0.06	3.51	2.2
300012	cjl	3224582	2861340	1.368	4.566	79.545
	syl	0.4194	3.030	0.195	3.218	1.598
300005	cjl	4220709	2989489	1.687	6.198	174.74
	syl	0.131	2.747	0.133	3.441	2.145
300014	cjl	4997494	2708995	0.989	3.494	33.64
	syl	0.761	3.488	0.258	3.279	2.793
300001	cjl	1807316	1136697	1.886	8.666	361.15
	syl	0.318	3.17	0.141	3.152	0.806

股票代码		均值	标准差	偏度	峰度	JB 检验
300020	cjl	4664485	2490201	3.595	25.967	3088.98
	syl	0.64	3.268	0.134	3.250	0.720

由表 4-4 可以发现创业板的 10 只个股交易特征参数与创业板指数的统计特征相似,收益率序列拒绝正态分布假设,这与 JB 统计量的正态性检验结论一致。相对于成交量序列特征而言,收益率的各项指标更倾向于正态分布。为了考察 10 只个股的成交量、收益率序列因果相关性,先对它们的成交量、收益率序列进行 ADF 检验。

表 4-6　10 只创业板股票成交量、收益率序列的 ADF 检验（期间 1）

股票代码		ADF 值	1%、5%、10% 的临界值	P 值	H0：非平稳
300027	cjl	-2.6171	-3.4389 -2.8652 -2.5687	0.0899	10% 水平下拒绝
	syl	-25.1251	-3.4389 -2.8652 -2.5687	0.0000	拒绝
300017	cjl	-8.4827	-3.4384 -2.8650 -2.5686	0.0000	拒绝
	syl	-20.9171	-3.4384 -2.8650 -2.5686	0.0000	拒绝
300006	cjl	-10.3073	-3.4382 -2.8649 -2.5686	0.0000	拒绝
	syl	-21.0877	-3.4382 -2.8649 -2.5686	0.0000	拒绝

续表

股票代码		ADF 值	1%、5%、10% 的临界值	P 值	H0：非平稳
300026	cjl	− 26.7630	− 3.4283 − 2.8649 − 2.5686	0.0000	拒绝
	syl	− 4.6883	− 3.4283 − 2.8649 − 2.5686	0.0000	拒绝
300024	cjl	− 21.8734	− 3.4382 − 2.8649 − 2.5686	0.0000	拒绝
	syl	− 4.2338	− 3.4382 − 2.8649 − 2.5686	0.0006	拒绝
300012	cjl	− 3.8063	− 3.4383 − 2.8649 − 2.5686	0.0030	拒绝
	syl	− 27.5669	− 3.4383 − 2.8649 − 2.5686	0.0000	拒绝
300005	cjl	− 12.1290	− 3.4383 − 2.8649 − 2.5686	0.0000	拒绝
	syl	− 21.3934	− 3.4383 − 2.8649 − 2.5686	0.0000	
300014	cjl	− 5.9880	− 3.4382 − 2.8649 − 2.5686	0.0000	拒绝
	syl	− 28.0667	− 3.4382 − 2.8649 − 2.5686	0.0000	
300001	cjl	− 6.7850	− 3.4383 − 2.8649 − 2.5686	0.0000	拒绝
	syl	− 27.7969	− 3.4383 − 2.8649 − 2.5686	0.0000	

续表

股票代码		ADF 值	1%、5%、10% 的临界值	P 值	H0：非平稳
300020	cjl	− 7. 7000	− 3. 4382 − 2. 8649 − 2. 5686	0. 0000	拒绝
	syl	− 27. 2817	− 3. 4382 − 2. 8649 − 2. 5686	0. 0000	

表 4 - 7　10 只创业板股票成交量、收益率序列的 ADF 检验（期间 2）

股票代码		ADF 值	1%、5%、10% 的临界值	P 值	H0：非平稳
300027	cjl	− 5. 0993	− 3. 4730 − 2. 8802 − 2. 5768	0. 0000	拒绝
	syl	− 11. 7040	− 3. 4730 − 2. 8802 − 2. 5768	0. 0000	拒绝
300017	cjl	− 5. 7377	− 3. 4642 − 2. 8763 − 2. 5747	0. 0000	拒绝
	syl	− 12. 2286	− 3. 4642 − 2. 8763 − 2. 5747	0. 0000	拒绝
300006	cjl	− 5. 9697	− 3. 4833 − 2. 8846 − 2. 5791	0. 0000	拒绝
	syl	− 9. 0630	− 3. 4833 − 2. 8846 − 2. 5791	0. 0000	拒绝
300026	cjl	− 7. 7782	− 3. 4648 − 2. 8765 − 2. 5748	0. 0000	拒绝
	syl	− 13. 2264	− 3. 4648 − 2. 8765 − 2. 5748	0. 0000	拒绝

股票代码		ADF 值	1%、5%、10%的临界值	P 值	H0：非平稳
300024	cjl	− 7. 5030	− 3. 4648 − 2. 8765 − 2. 5748	0. 0000	拒绝
	syl	− 14. 3054	− 3. 4648 − 2. 8765 − 2. 5748	0. 0000	拒绝
300012	cjl	− 4. 3349	− 3. 4646 − 2. 8765 − 2. 5748	0. 0000	拒绝
	syl	− 14. 2978	− 3. 4646 − 2. 8765 − 2. 5748	0. 0000	拒绝
300005	cjl	− 4. 5454	− 3. 4644 − 2. 8764 − 2. 5747	0. 0002	拒绝
	syl	− 11. 2340	− 3. 4644 − 2. 8764 − 2. 5747	0. 0000	
300014	cjl	− 2. 9832	− 3. 4648 − 2. 8765 − 2. 5748	0. 0383	5%拒绝
	syl	− 12. 8405	− 3. 4648 − 2. 8765 − 2. 5748	0. 0000	
300001	cjl	− 5. 0721	− 3. 4657 − 2. 8770 − 2. 5750	0. 0000	拒绝
	syl	− 13. 2220	− 3. 4657 − 2. 8770 − 2. 5750	0. 0000	
300020	cjl	− 4. 9726	− 3. 4828 − 2. 8844 − 2. 5790	0. 0000	拒绝
	syl	− 10. 9008	− 3. 4828 − 2. 8844 − 2. 5790	0. 0000	

根据表 4 - 7 所示，10 只股票的 ADF 检验都拒绝了具有单位根的原

假设（其中有 300027 在 10% 水平下拒绝有单位根原假设，其他个股都在 1% 水平下拒绝原假设），说明它们的成交量与收益率序列都是平稳的，因此在相关个股的因果检验可以直接进行分析和处理，不必建立 VEC 模型。

表 4 - 8　　　　成交量、收益率序列的 Granger 因果检验模型估计

原假设	300027	300017	300006	300026	300024	300012	300005	300014	300001	300020
原假设 1（周期 1）	25.156 (0.0)	24.4873 (0.0)	3.422 (0.03)	10.95 (0.00)	12.44 (0.0)	11.37 (0.0)	5.877 (0.0)	19.71 (0.0)	27.44 (0.0)	12.82 (0.0)
原假设 2（周期 1）	8.465 (0.0)	0.2481 (0.78)	0.472 (0.62)	0.7933 (0.45)	0.136 (0.87)	3.33 (0.03)	1.64 (0.19)	0.6 (0.54)	0.35 (0.69)	0.75 (0.47)
原假设 1（周期 2）	24.48 (0.0)	3.9396 (0.02)	0.2659 (0.76)	3.02 (0.05)	4.824 (0.00)	5.760 (0.00)	2.32 (0.10)	4.4 (0.01)	10.225 (0.00)	4.643 (0.01)
原假设 2（周期 2）	0.386 (0.67)	0.276 (0.75)	1.146 (0.3213)	0.4 (0.67)	0.381 (0.68)	4.125 (0.01)	3.60 (0.02)	0.598 (0.55)	0.371 (0.69)	0.483 (0.61)

注：（1）原假设 1：SYL does not Granger Cause CJL；原假设 2：CJL does not Granger Cause SYL。

（2）两序列的滞后期根据 AIC 准则确定，表中参数为 F 检验值，括号内值为 P 值。

第三节　创业板交易量与股价波动性 GARCH 模型实证研究

通过上一节我们发现创业板市场指数、个股成交量与收益率时间序列在一定程度上存在 Granger 因果关系，这间接说明技术分析中的量价关系在现实投资分析中有一定的应用价值，然而这种特定因果关系的存在是什么原因导致的？在实际创业板市场中能否将交易量作为特征变量对价格的波动性和未来变化做出解释与预测呢？本节将用研究创业板混合分布假设与 GARCH 模型来研究上述问题。

一　混合分布假设与模型构建

Clark、Epps、Tauchen 提出了收益率分布的 MDH 假设。假设资产

在某一个完整交易日的回报率是该交易日内不同时段均衡回报之和：

$$R_t = \sum_{i=1}^{n_t} \delta_{it} \qquad\qquad (4-1)$$

在式（4-1）中，δ_{it} 具有均值为零和方差为 σ^2 的独立同分布，并反映信息到达强度；而随机变量 n_t 表示在交易日 t 中到达市场的信息数量，为随机混合变量，如果 n_t 取值很大，意味着市场上有大量信息流入，反之表示市场信息流入较少。模型中假设 n_t 约束着 δ_{it} 到达的比率，信息强度参数也会影响到每交易日的回报率 R_t。

根据 Clark 的推理，当流入市场中的信息量很大时，并且日内均衡收益率服从均值为 0，方差为 σ^2 独立同分布，则根据中心极限定理可以得到基于到达市场信息数量参数 n_t 的条件收益率：

$$\frac{R_t}{n_t} \sim N(0, \sigma^2 n_t) \qquad\qquad (4-2)$$

从方程（4-2）可以看出，混合分布假设主要从信息到达密度角度反映股票交易过程，条件回报率是以每日到达信息为基础的，分布中的方差表明了市场中信息到达的密度参数大小。在方程中由于变量 n_t 一般无法确定，所以要选择合适的替代变量来反映每个交易日中信息到达率，进而揭示市场信息不对称中的价格发现微观结构。

假设信息到达量服从自回归过程，并假设 $n_t = \alpha + \theta(L)n_{t-1} + \mu_t$，其中 $\theta(L)$ 为一个进行滞后操作的二项式，μ_t 为误差项，则可以定义日汇报的条件方差 $\sigma^2_{R_t/n_t} = E(R_t^2/n_t) = \sigma^2 n_t$。可以看出，日回报率的条件方差取决于信息到达的数量，市场中的信息到达数量越大，则条件方差值越大，反之越小。从市场微观结构相关理论研究看，当到达市场中的消息数量增多时，不同类型的投资者持有信息数量、质量将会因为他们获取、分析信息能力的差异而出现较大差异，知情交易者能够依赖于其掌握的信息或者资本优势在信息不断公开化过程中快速完成交易，从而市场交易量会出现较大增加，其他非知情交易者面临交易损失的概率会提高。反之，如果市场上信息到达数量较少，从概率上说利用私有信息进行交易的可能性会降低，所以市场上的交易量也会较小。因此，相关研究结论认为交易日中交易量显著变化是信息不对称程度的重要衡量标准。将 n_t 的表达式代入到条件方差中，则可以得出 $\sigma^2_{R_t/n_t} = \sigma^2 \alpha + \theta(L)\sigma^2_{R_{t-1}/n_{t-1}} + \sigma^2 \mu_t$，从而信息到达量的自回归结构变成了收益率参数 R_t 的条件方差形式。

从上述推理可得，资本市场中存在的 GARCH 效应主要是基于市场信息的不断流入产生的，股票收益率的变化受到市场信息达到过程与投资者信息集合差异共同作用的结果。当市场中信息流量不断增大，如果对投资者的买卖决策产生影响，这些消息会刺激市场交易，引发交易量变化。鉴于股票收益的 GARCH 效应是由市场信息量到达的序列相关造成的，所以可以利用信息到达的变量代替交易量变量。利用混合分布假设，将交易量作为信息流动和传递的代理变量引入 GARCH 模型，从而可以更加清晰地考察创业板市场中信息对交易过程中波动性产生的原因以及个股交易量对其条件价格波动行为的解释能力。

一般而言，GARCH 模型能够较好地对市场收益率的变化特征进行描述，针对创业板个股特征本书选择了在条件波动中添加交易量的 GARCH（1，1）模型，而对收益率的自回归方程中，我们采用了一阶线性自回归过程。假设方程简化为如下所示：

$$R_t = \alpha_0 + \alpha_1 R_{t-1} + \varepsilon_t \tag{4-3}$$

$$h_t = \beta_0 + \beta_1 \varepsilon^2_{t-1} + \beta_2 h_{t-1} + \beta_3 V_t \tag{4-4}$$

V_t 表示在交易日 t 发生的总成交量，R_t 表示指数的对数收益率，ε_t 为回报的非预期部分残差，其服从均值为 0，方差为 h 的正态分布。通过式（4-4）可以看出，如果其中系数 $\beta_3 = 0$，成交量参数部分 $\beta_3 V_t$ 为 0，则方程为经典的 GARCH（1，1）模型。如果 β_1、β_2 显著不为零且为正数，则表示市场中的波动性存在一定的集群性。如果两者之和接近为 1，则表示市场波动性具有长记忆特征，表现为波动性长期稳定下降的特点。对于式（4-4）非标准的 GARCH 模型，如果成交量能够作为信息到达数量的替代变量，并且成交量序列有自相关特性，那么则有 $\beta_3 > 0$ 的结论成立，同时基于历史的非预期波动性和历史的条件波动性对未来条件波动性的预测能力将会下降，即 β_1、β_2 之和明显低于标准的 GARCH（1，1）模型中的情况。反之，则交易量不能作为市场中信息到达数量的代理变量，成交量对股票市场的条件波动性没有显著解释能力，量价关系也就无法成立。

为了研究创业板股票在 2012 年 12 月 7 日至 2013 年 9 月 30 日期间的收益与成交量的关系，本次选择了 10 只超额收益率最高创业板个股。样本数据主要来自 Choice 投资专家分析系统，其中的成交量数据考虑到要反映市场整个信息的变化过程要符合混合分布假设所以数据采集主要为连续竞价时间的数据，而剔除了每日开市的市场集合竞价过程中的数据，其中的收益数据为经过向前复权处理之后的数据，并且根据数据的缺失情况，对有些因为公司停牌交易数据进行了清理，考虑到数据的统一，从创业板首批上市的 28 家上市公司中选出。通过统计量的描述可以看出，样本股的收益率时间序列呈现出尖峰厚尾的非正态分布特征。

表 4-9 　　　创业板首批上市公司中 10 只股票收益的描述性统计

股票代码	均值	标准差	偏度	峰度
300001	0.3180	3.1700	0.1410	3.1520
300005	0.1310	2.7470	0.1330	3.4410
300006	0.4518	3.2970	0.3613	3.3895
300012	0.4194	3.0300	0.1950	3.2180
300014	0.7610	3.4880	0.2580	3.2790
300017	0.7792	3.7611	0.3958	2.9405
300020	0.6400	3.2680	0.1340	3.2500
300024	0.3540	3.1500	0.0600	3.5100
300026	0.3870	2.8590	0.3500	3.3480
300027	1.2424	4.2086	0.2077	2.9098

在 MDH 假设中，信息的到达率是遵守序列相关的，进而引发了股票市场收益率的异方差现象，而产生了 GARCH 效应。前面已经得出了这 10 家上市公司的交易量序列的平稳性结论。为了考察创业板市场收益率产生的波动性规律，利用首批上市的 10 只创业板上市公司的交易数据，并利用 GARCH 模型以及增加了交易量解释变量的 GARCH-M 模

型，再利用方程（4-3）、方程（4-4）分别进行实证分析得出表4-10、表4-11。

表4-10　　创业板首批上市公司10只股票GARCH模型结果

股票代码	α_1	β_1	β_2	$\beta_1 + \beta_2$	AIC值
300001	0.1189（***）	0.1020（***）	0.8740（***）	0.9760	3.8703
300005	0.1829（***）	0.1187（***）	0.8529（***）	0.9716	4.1964
300006	2.2693（**）	0.1721（***）	0.8102（***）	0.9823	4.9435
300012	1.1090（***）	0.0840（***）	0.7728（***）	0.8568	4.4341
300014	0.2429（***）	0.1239（***）	0.8419（***）	0.9659	4.3121
300017	0.4978（**）	0.1825（***）	0.7876（***）	0.9701	4.8127
300020	0.4294（**）	0.1764（***）	0.7999（***）	0.9764	4.7086
300024	0.0800（***）	0.1305（***）	0.8222（***）	0.9527	4.8848
300026	0.3649（***）	0.1980（***）	0.7490（***）	0.9470	4.1201
300027	0.3840（***）	0.0859（***）	0.9276（***）	1.0134	4.5925

从表4-10中可以看出，前述条件波动方程中的五项参数：分别为 α_1（常数项）、β_1（方差方程系数）、β_2（GARCH项系数）、$\beta_1 + \beta_2$（两系数之和）、AIC值。从整体性显著性来看，显著性较高（*** 表示系数在1%水平下显著，** 表示系数在5%水平下显著）。

从创业板首批上市公司10只股票GARCH模型结果来看，它们收益率的波动存在较为明显的集群性特点。10只创业板股票来看，$\beta_1 + \beta_2$ 之和大于0.95的股票有8家，最小值为0.8568，我们可以得出创业板个股在2012年12月7日到2013年9月30日之间中体现出明显的收益率波动为正值的趋势，这与创业板个股在此期间中的持续、较大幅度的上涨有重要关系，这种集体波动的持续性特点可能会带来创业板市场风险的集聚。另外，$\beta_1 + \beta_2$ 之和越接近于1也表示创业板上市公司的股价波动具有长记忆的特点。

表 4－11　　　　　考虑交易量解释变量的创业板首批上市公司中
10 只股票 GARCH 模型结果

股票代码	α_1	β_1	β_2	$\beta_1 + \beta_2$	β_3	AIC 值
300001	-2.9724 (***)	0.1606 (***)	0.5668 (***)	0.7274	0.3971 (***)	3.7804
300005	-2.1503 (***)	0.1626 (**)	0.7030 (***)	0.8656	0.3300 (***)	4.1854
300006	-11.8746 (**)	0.2454 (***)	0.7102 (**)	0.9556	1.6621 (***)	4.4874
300012	-13.2653 (***)	0.0909 (***)	0.2364 (***)	0.3273	1.6423 (***)	4.1996
300014	-9.6940 (***)	0.1808 (***)	0.0541 (**)	0.2349	1.4069 (***)	4.1905
300017	-8.3790 (*)	0.3101 (***)	0.2401 (***)	0.5501	1.3222 (***)	4.7359
300020	-9.4102 (***)	0.2778 (***)	0.1328 (***)	0.4106	1.5246 (***)	4.5218
300024	-10.8393 (***)	0.1798 (***)	0.3046 (***)	0.4844	1.4883 (***)	4.8197
300026	-2.7603 (***)	0.2121 (**)	0.5227 (***)	0.7348	0.4290 (*)	4.0279
300027	-10.1768 (***)	0.4717 (***)	0.2038 (***)	0.6755	1.7688 (***)	4.5228

　　从表 4－11 可以看出，分别为 α_1（常数项）、β_1（方差方程系数）、β_2（GARCH 项系数）、β_3 等系数显著性水平较高。在考虑了创业板股票的成交量参数后，通过 GARCH 模型可以看出，交易量参数能够作为市场上的信息到达的替代变量。相关研究还发现系数 β_1 呈现一定的上升，而 $\beta_1 + \beta_2$ 系数之和下降较快，特别是通过 300001、300005、300012、300014、300017、300020、300024 来看，之前 β_1 值普遍低于 0.5。这说明在加入了成交量解释变量后，创业板个股的成交量变化对于个股收益波动性有一定的影响。对于创业板个股的 GARCH 模型加入了成交量解释变量后，发现这种 GARCH 效应仍然存在，这有助于投资者预测收益的条件波动性。在正常市场状态下，信息到达率的变化是股价发生波动的重要原因，当市场中有利好消息时，投资者心态趋向于做多，而市场有利空消息时，投资者趋向于做空，这一点创业板市场也不例外。通过创业板个股收益的 GARCH 模型可以看出，创业板个股的预期收益是在不断发生变化的，而这种变化是由一些市场信息流入市场，投资者不断调整投资决策的结果。

　　本章首先回顾了量价关系研究的国内外研究成果，发现量价关系因果检验与 GARCH 模型为其中主要研究工具。本章首先利用格兰杰因果检验工具对创业板市场指数及其成交量参数的因果关系进行检验，检验周期分为两个时间期间：一个是创业板存续的整个期间（2010 年 6 月 4 日至 2013 年 9 月 30 日），一个是交易型操纵期间（2012 年 12 月 7 日至 2013 年 9 月 30 日）。研究发现对于创业板市场而言，市场本身的量价因果关系在较高显著性水平下是成立。对于创业板板块来说，从滞后阶数 2、4、8、10、12 都可以看出，收益率上升是成交量增加的格兰杰原因，说明随着股价的上升，投资者以价格上涨为信息，间接印证了我国股票市场上普遍的"追涨杀跌"的操作模式。成交量对收益率的因果关系检验来看，在滞后阶数为 6、8 时，在 5% 显著性水平下通过了检验，而在滞后阶数为 2、4、10、12 时，不能拒绝原假设。除了研究创业板市场的综合情况外，还结合创业板首批上市的 28 家上市公司中在第二期间累计收益较高的十家上市公司的收益率与成交量进行了研判，发现在两个周期下，收益率是成交量的格兰杰原因，而反之则对大多数个股不成立。最后，在混合分布假设（MDH）基础上，从创业板上市公司的 GARCH 模型估计结果来看，它们的收益率的波动存在较为明显的集群性特点。从 10 只创业板股票来看，$\beta_1 + \beta_2$ 之和大于 0.95 的股票有 8 家，最小值为 0.8568。为了考察创业板市场个股对市场信息的揭示能力，在 GRACH 模型中加入交易量变量，进而建立交易量与回报波动性的联系，并在考虑了创业板股票的成交量参数后，通过 GARCH 成交量模型可以看出，交易量参数能够作为市场上的信息到达的替代变量。研究还发现系数 β_1 呈现一定的上升，而 $\beta_1 + \beta_2$ 系数之和下降较快，这说明创业板市场中，成交量是市场信息流的重要组成部分，能够作为未来预期收益的预测参数。

第五章　创业板股票流动性溢价
实证研究

　　流动性概念从不同角度有不同的理解，影响较大的是凯恩斯对资产流动性的定义，"资产能够在短期内不受损失地变现的能力"，其中的关键点是强调时间和不受损失。实际上股票资产的流动性定义是对凯恩斯原始定义的演化，流动性是市场上资产能够迅速完成交易的能力。[①]如果市场缺乏流动性，那么股票交易变现难度加大，资源配置效率下降。市场的流动性和个股的流动性也不是保持一成不变的，它既受到市场环境的影响，又受到投资者心理、情绪等因素的影响。未来期间的流动性也存在不可预见性和不确定性，所以股票资产产生了流动性风险，作为投资股票过程中存在的流动性风险往往伴随着投资者信息不对称风险、搜寻风险、信贷约束风险等。我国股票市场发展至今有二十多年的历史，创业板市场在 2009 年才推出。相对于发达国家股票市场，我国创业板股票的流动性如何也尚属未知。特别是考虑到存在交易型操纵的背景下，创业板股票的流行性溢价特征如何，以及流动性对股票未来预期收益影响如何，这些都需要从实践层面加以检验。

第一节　操纵视角下的流动性溢价分析

　　如果将操纵因素考虑到交易过程中，在股价操纵过程中不同阶段的

---

　　① 苏冬蔚等：《流动性与资产定价：基于我国股市资产换手率与预期收益的实证研究》，《经济研究》2010 年第 2 期。

股票会呈现出不同的资产流动性特征，在操纵之前所有股票的流动性应该不存在差异，可以定义为低流动性，当某只股票越接近操纵完成时，股票筹码开始出现集中，市场上可交易筹码数量变少，这时候应该表现出高流动性的特征，随着操纵的完成，操纵者完成了筹码的派发，股票又应该回归低水平流动特征。[①]

由于名义价差中可能存在噪声、事后度量等问题，所以仅使用价差使得流动性的研究存在局限，渐渐出现了以成交量、换手率等参数测度流动性的文献。尽管 20 世纪 70 年就有大量实证与理论对于收益率与成交量的关系进行探索，但是它们主要从市场微观结构视角出发，并没有将成交量作为度量股票资产流动性强弱的指标。Brennan 将公司的流动性指标引入 Fama 三因子模型，利用纽交所和纳斯达克市场的交易数据，检验了成交金额对收益率的影响，其中的流动性替代变量为股票的成交金额。现在看来其研究可能存在未考虑非流通股的影响、公司规模对成交量的影响等问题。[②]

利用换手率作为流动性替代性指标研究资产定价的还有 Haugen、Datar 等人。Haugen 着眼于英法德日等国家股市的流动性比较，发现 1979—1993 年不仅在美国市场预期收益率与换手率之间存在负相关关系，在其他国家也存在类似结论。[③] Datar 利用 Fama-French 模型对股票收益率进行截面分析计算，将其中的规模因子替代为上个月市场价值的对数值，研究发现流动性对截面收益具有一定的解释力，而且他们发现流动性溢价存在于全周期。[④] 与 Datar 研究类似的是 Chui 的研究，他们基于纽交所、美交所、纳斯达克市场数据，研究了收益率与换手率之间的关系，其研究结果认为流动性与股票的账面价值对截面收益率产生明

① 姚斌：《股票流动性、机构操纵及操纵周期的研究》，《当代财经》2006 年第 11 期。

② Michael Brennan, J. Tarum Cordia and Avanidhar Subrahmanyam, "Alternative Factor Specifications, Security Characteristics, and the Cross-section of Expected Stock Returns", *Journal of Financial Economics*, No. 49, 1998.

③ Robert A. Haugen and Nardin L. Boke, "Commodity in the Determinants of Expected Stock Return", *Journal of Financial Ewnomics*, No. 41. 1996.

④ V. T. Datar and N. Y. Naik, "Liquidity and Stock Return: An Alternative Test", *Journal of Financial Market*, No. 1, 1998.

显作用，但是在 1 月份流动性溢价效应表现得不明显。随着市场微观结构理论的不断发展，一些基于信息、交易成本的参数也被作为流动性度量的替代指标。Amihud 通过日收益率绝对值对成交额的比率来测度流动性，研究发现流动性与股票收益率之间存在负相关关系。[①]

　　从国内的学者研究成果看，其研究方法与变量选择上早期更多是模仿式研究，中后期很多研究考虑到我国新兴资本市场非做市商制度的具体特点。在研究样本选择上，有选择较为成熟的标的，如深成指 40 成分股、上证 50 成分股[②]，也有选择 B 股市场以及整个市场的综合研究对象的。[③] 从期间长短来看，有研究日内、月度流动性特征及影响因素[④]，也有关注截面数据流动性的[⑤]。在流动性度量方面，较早的研究主要选择买卖价差、深度作为替代变量，后期也有选择换手率、ILLIQ（非流行性）等指标。他们的研究得出了一些有价值的结论：上海股票市场和深圳股票市场的日内价差变化符合 L 形特征，整体的价差变化幅度与成熟市场相比程度较小，有一定的日历效应特征，可以考虑针对不同水平的交易价格设置不同的交易价差以改善股票流动性，没有必要模仿国外的做市商制度。[⑥] 从 B 股和 A 股市场的流动性研究看，两个相对封闭的市场流动性也体现出相对的独立性特征。[⑦] 上海市场在开盘时价

　　① 　Y. Amihud，"Illiquidity And Stock Returns：Cross Section And Time Series Effects"，*Journal of Financial Markets*，No. 5，2001.

　　② 　张峥等：《换手率与股票收益：流动性溢价还是投机性泡沫》，《经济学季刊》2006 年第 3 期。

　　③ 　孙培源：《微观结构流动性与买卖价差：一个基于上海股市的经验研究》，《世界经济》2002 年第 4 期；李文鸿：《股市流动性与股票收益率的面板数据实证分析》，《统计与决策》2012 年第 10 期；王辉：《系统流动性风险与系统流动性溢价：基于中国市场的研究》，《复旦学报》2014 年第 10 期；张美玲：《基于股票交易金额度量的流动性溢价研究》，《商业经济研究》2015 年第 6 期。

　　④ 　沈虹：《基于综合流动性度量指标的中国期货市场流动性溢价研究》，《数理统计与管理》2013 年第 3 期。

　　⑤ 　杨朝军：《中国证券市场日内流动性实证研究》，《上海交通大学学报》2003 年第 4 期。

　　⑥ 　屈文洲等：《中国股票市场微观结构的特征分析》，《经济研究》2002 年第 1 期。

　　⑦ 　刘海龙等：《B 股向境内开放对 AB 股流动性影响的分析》，《系统工程学报》2002 年第 10 期。

差最大，其他交易时间较为平稳，这主要与市场中信息不对称程度有密切关系。① 从流动性的影响因素来看，股票的价格水平、交易量以及收益率的波动对流动性有显著的影响，而且规模因素也是重要影响变量。② 在中国股票市场上，非预期信息对股票的收益产生主导影响，其中的政策性信息对收益有重要的影响，股票的流动性与预期收益率呈现出反向变动关系。③ 然而截面数据的研究结论发现流动性的强弱与投资收益却没有明确的相关关系④，这可能与样本的研究期间选择有密切关系。

综上所述，股市流动性与资产预期收益研究的核心在于流动性溢价的理论与实证分析。虽然流动性溢价理论已日臻成熟，但是国内对其问题的研究才刚刚起步，其研究结果与国外学者的结论仍有一定的差异，而且采用不同的样本数据、不同的流动性度量指标以及不同的计量方法所获得的实证结果差别也较大。因此，对创业板市场的流动性溢价研究有重要的意义。

第二节　创业板股票流动性指标选择与数据描述

对证券资产流动性的定义，不同学者有不同的侧重点，归纳起来可分为四个层面的含义：交易的完成难易程度、交易量大小、交易的隐性成本、交易时间的长短。所以，从微观层面来看，流动性至少具备三个要素：大量交易的能力、不变价格交易的能力和及时交易的能力。根据 Kyle 提出流动性概念可分为四个维度：宽度、深度、及时性与弹性。这四个维度的划分目前被研究者认可度较高，很多流动性指标都按照这四个维度构建。一个流动性较好的是市场应该是可忽略的宽度、较大的深

---

① 孙培源：《微观结构流动性与买卖价差：一个基于上海股市的经验研究》，《世界经济》2002 年第 4 期。

② 周芳等：《中国股票市场流动性风险溢价研究》，《金融研究》2011 年第 5 期。

③ 王春峰等：《流动性与股票回报：基于上海股市的实证研究》，《经济管理》2002 年第 24 期。

④ 潘宁宁等：《股票流动性与资产流动性的相关性：理论与实证分析》，《系统工程理论与实践》2011 年第 4 期。

度、满足及时性且高度的弹性特征。[1]

宽度主要衡量影响流动性中的交易成本因素，是指买卖双方的报价偏离市场中间价的程度。衡量宽度常用买卖价差因素，当价差较小，说明市场流动性强，反之当市场中存在大额定价买卖价差很大时，说明市场缺乏流动性。市场最理想的流动状态在买卖价差为零，此时买卖双方可以按照既定价格完成交易。深度是指在特定价格水平上存在的订单总数，主要反映在目前价格上可交易的能力。深度指标可反映市场在某一价格水平上可交易的数量，当市场深度较小时，一定数量的交易会对价格产生较大冲击，反之如果市场深度较大，则意味着特定数量的交易对价格产生影响较小。及时性主要是指交易完成的快慢，主要反映市场的效率。如果市场的具备较高的及时性特征，则意味着投资者只要有证券交易的愿望，就能够立即实现。如果市场及时性特征不具备，则意味着投资者有时处于极为不利的条件下完成了市场交易。弹性是指委托单不平衡的调整速度，或者是由交易引起的价格波动消失的速度，反映交易价格偏离均衡后回到均衡状态的速度。如果市场具有弹性，则价格能快速恢复有效水平，或者说对于临时性订单引发的价格变化，新订单会不断出现。

虽然上述指标从不同方面反映了市场流动性特征，但是从研究角度看，有些指标依赖于微观交易数据的获取，而高质量的、稳定的、长期的交易数据对于国内学者来说存在诸多困难，相对而言交易金额与换手率参数是衡量市场流动性较为有效的指标。[2] 许多国内外的实证研究结果已经证明用股票的交易活跃程度数据度量流动性是合理的。此外，本书借鉴 Chordia 的二阶矩指标构筑方法共同考察流动性指标与波动性指标对股票收益产生的影响。[3] 控制变量选择方面，反映公司规模的诸如总资产、账市比、每股价格等。

---

[1]　J. L. Davis, E. F. Fama and K. R. French, "Characteristics, Covariances and Average Returns: 1929 to 1997", *Journal of Finance*, No. 55, 2000.

[2]　吴文锋等：《中国股票收益的非流动性补偿》，《世界经济》2003 年第 7 期。

[3]　T. Chordia, A. Subrahmanyam and V. Anshuman, "Trading Activity and Expected Stock Returns", *Journal of Financial Economics*, No. 59, 2001.

为了保证数据的连续性，本书选择创业板首批上市的 28 家公司的周、月换手率数据，所有公司均考虑了现金股利、股票股利的发放因素，采用向前复权计算方式。相关变量的选择与定义见表 5-1。

表 5-1　　　　　　　　　　相关变量选择与定义

变量	变量定义
公司规模（SIZE）	$St = Ln\ (Pt-1 \times Ct-1)$
账市比（BM）	$BMt = Bt-1/Mt-1$
股票价格（P）	$Pt = Ln\ (Pt-1)$
交易金额（EV）	$LEVt = Ln\ (At-1)$
交易金额波动率（VEV）	$LVEVt = \sigma EV/LEV$
换手率（TURN）	$LTURNt = Ln\ (Vt-1/Ct-1)$
换手率的波动率（VTURN）	$LVTURNt = \sigma TURNt3/LTURNt3$

St 反映公司规模大小，按照月流通股数量与月末收盘价计算，BMt 为公司的账面与市场价值比值，Pt 为股票价格（以 t-1 月末股票收盘价计），EVt 为交易金额，TURNt 为换手率参数，VTURNt 为换手率的波动。σEVt、$\sigma TURNt3$ 分别为股票的交易金额与换手率在第 t 月的前 3 个月的标准差，而 LEVt 与 LVTURNt 分别为股票的交易金额和换手率在第 t 月的前 3 个月的平均值，RETt 为创业板个股的超额回报。上述相关变量的描述性统计变量的计算采用未进行自然对数处理后的数据，而相关系数矩阵在计算时采用取自然对数处理后的数据。

表 5-2　　　　　　　　　　描述性统计量

变量	均值	中值	标准差
RET	1.6982	0.4613	12.0786
SIZE（亿元取对数）	2.9901	3.0397	0.8474
BM	0.2941	0.2695	0.1342
P	15.4692	11.4050	9.8450
EV	1.0929	1.2322	0.6472

续表

变量	均值	中值	标准差
VEV	0.6071	0.5672	0.194
TURN	3.7250	3.7073	0.8743
VTURN	0.7422	0.6135	0.2134

通过表 5 - 2 可以看出创业板个股的平均月超额收益为，这反映出创业板市场自推出以来，受到投资者的追捧，创造出高于市场平均报酬的预期。从 2013 年 9 月 30 日数据来看，创业板上市公司流通市值规模不大，28 家上市公司的总市值为 1435.15 亿元，平均为 47.8 亿元，其中市值最高的华谊兄弟（300027）约为 220 亿元，市值中最小的宝德股份（300023）约为 5.4 亿元，相对于主板、中小板来看整体财务实力较弱，但是其中也有不少公司在取得较好业绩后采用发送红股形式来实现公司规模扩张。账市比整体较小，均值为 0.2941。从平均股价来看，创业板个股的平均股价为 15.4692 元，相对于 A 股 2500 多家均价 8.2 元来说，溢价较高，估值偏高。从交易金额及换手率参数来看，创业板个股整体活跃度较高，均值分别为 1.0929 和 3.7250。

表 5 - 3　　　　　　　　变量相关系数矩阵

变量	RET	SIZE	BM	P	EV	VEV	TURN	VTURN
RET	1.0000	- 0.1365	0.0494	- 0.1365	- 0.1995	- 0.0735	- 0.0210	- 0.0525
SIZE	- 0.1365	1.0000	- 0.9475	0.9890	0.5880	- 0.5880	- 0.4620	- 0.3990
BM	0.0494	- 0.9475	1.0000	- 0.9870	- 0.3570	0.5670	0.4620	0.4200
P	- 0.1365	0.9890	- 0.9870	1.0000	0.5250	- 0.4200	- 0.4200	- 0.3675
EV	- 0.1995	0.5880	- 0.3570	0.5250	1.0000	0.6090	- 0.0630	- 0.0525
VEV	- 0.0735	- 0.5880	0.5670	- 0.4200	0.6090	1.0000	0.3675	0.3255
TURN	- 0.0210	- 0.4620	0.4620	- 0.4200	- 0.0630	0.3675	1.0000	0.9700
VTURN	- 0.0525	- 0.3990	0.4200	- 0.3675	- 0.0525	0.3255	0.9700	1.0000

从表 5 - 3 可以看出超额收益 RET 变量与除了 BM 变量之外的其他

变量呈现出负相关关系，这基本上符合现实投资逻辑，即一般规模越大、价格越高的公司获得超额收益的程度越少，从这些项目的相关系数来看，相关程度较低，普遍低于0.5。交易金额EV与换手率TURN之间呈现出一定的负相关关系，反映两者在一定条件下，创业板个股的成交量之间可能会呈现不一致变化方向。从相关系数来看，也有两组变量之间的相关系数大于0.9，分别为市价P与规模变量SIZE，换手率与其波动。此外，账市比BM与规模因子SIZE呈现出较高的负相关关系，相关系数为 -0.9475。

第三节　模型构建与实证分析

本书借鉴Fama-Maceth（1973）研究方法构建公式（5-1），主要解释变量与控制变量设置借鉴苏冬蔚（2004），使用最小二乘方法得出相关系数的时间序列，再利用公式（5-2）—（5-4）得出相应的T值，判断相关流动性变量是否会对股票收益产生显著影响。

$$R_{it} = \beta_{0t} + \sum_{k=1}^{K} \beta_{kt} x_{it-1} + \xi_{it}, i = 1,2,\cdots,N_t; t = 1,2,\cdots,T \qquad (5-1)$$

$$\bar{\beta} = \frac{1}{T} \sum_{t=1}^{T} \beta_{kt} \qquad (5-2)$$

$$std(\beta_k) = \sqrt{\frac{1}{(T-1)} \sum_{t=1}^{T} (\beta_{kt} - \bar{\beta}_k)^2} \qquad (5-3)$$

$$T(\beta_k) = \sqrt{T} \times \bar{\beta}_k / std(\beta_k) \qquad (5-4)$$

上述模型中，R_{it} 表示股票在第 t 月的回报，x_{it-1} 表示相关的影响变量（包括换手率参数解释变量与相关的规模、账市比、股票价格等控制变量），ξ_{it} 是指随机误差项，N_t 为第 t 月样本中的股票数量，T 为在样本区间内的月数大小。

一　流动性与创业板股票超额回报

在检验区间上也分为三个期间，一个是创业板存续的整个期间（2010年6月4日至2013年9月30日），一个是非明显超额收益期间

（2010 年 6 月 4 日至 2012 年 11 月 30 日）一个是创业板指数产生明显
超额收益的期间（2012 年 12 月 3 日至 2013 年 9 月 30 日）。先按照公
式（5 - 1）对创业板存续的整个期间的月度数据进行截面回归，然后
得出每个变量的 Fama - Maceth 系数。在流动性测算指标中，本次考虑
分别利用交易金额（EV）和换手率（TURN）作为替代变量。表 5 - 4
给出了回归结果，括号中的数据为对应变量的 t 检验值。

表 5 - 4　　　　　　流动性与创业板股票超额回报截面回归结果

回归系数	EV			TURN		
变量	区间 1	区间 2	区间 3	区间 1	区间 2	区间 3
C	0.2539 (2.8746)	- 0.0871 (- 0.5840)	0.3373 (4.7653)	0.2943 (2.9346)	- 0.0642 (- 0.4324)	0.4621 (4.8721)
EV	- 0.0142 (- 0.4507)	- 0.0127 (- 1.64)	- 0.0083 (- 3.1253)	—	—	—
TURN	—	—	—	- 0.0012 (- 0.4707)	- 0.0043 (- 0.1723)	- 0.0063 (- 1.8632)
SIZE	- 0.0492 (- 0.9214)	- 0.0346 (- 1.6723)	(- 0.0083) (- 2.9832)	- 0.0041 (- 1.2167)	0.0125 (0.9325)	- 0.0062 (- 3.6241)
BM	0.0040 (0.9842)	0.0131 (1.6943)	- 0.0052 (- 1.8324)	0.0032 (0.8972)	0.014 (1.9452)	- 0.0049 (- 1.7538)
PRICE	- 0.0023 (- 3.5623)	- 0.0025 (- 1.8782)	(- 0.0027) (- 2.8875)	- 0.0021 (- 3.6248)	- 0.0032 (- 2.1476)	- 0.0029 (- 2.9433)

　　从表 5 - 4 可以看出，对于选定的创业板上市公司样本在三个区间
里，规模因子、价格因子与超额报酬率呈现出负相关关系，这说明对于
创业板个股存在一定的"小公司"效应，也反映出 A 股投资者在对公
司规模变量考虑上的偏好。从价格方面来看，存在一定的低价股效应，
对于账市比变量，则没有明显证据表明它会影响到超额收益。从区间
1、2、3 来看，仅在区间 3 中的交易规模变量 EV 和换手率 TURN 与超
额收益的产生为显著的负相关关系，在其他两个区间表现得不显著。从

t 值来看，在创业板成立至出现显著超额收益时止，t 值较小，随着创业板出现强于市场平均收益时，这种流动性与股票超额回报的负相关关系表现得较为明显。

二 流动性波动与创业板股票超额回报

流动性的波动可以反映一段时间流动性变化程度，如果创业板股票流动性波动越大，则说明流动性变化越剧烈。投资者在现实买卖决策过程中，一般也会考虑到股票换手情况，很多精明的散户投资者会关注是否存在有庄家资金吸筹或者抛售筹码，一般认为庄家在拉高出货、对敲过程中会使得股票的流动性波动更为剧烈。本书利用交易金额波动率（VEV）、换手率的波动率（VTURN）来检验它们与创业板股票超额回报的关系，计算过程类似于上一部分，回归结果见表 5 - 5。

表 5 - 5   流动性波动与创业板股票超额回报截面回归结果

回归系数	EV			TURN		
	区间 1	区间 2	区间 3	区间 1	区间 2	区间 3
C	0.2381 (3.5535)	0.0552 (0.4945)	0.4094 (5.7155)	0.2473 (3.2430)	0.0828 (0.6095)	0.4025 (5.658)
EV	-0.0035 (-1.265)	-0.0001 (-0.046)	-0.0069 (-2.254)	—	—	—
TURN	—	—	—	-0.0035 (-1.288)	-0.0012 (-0.23)	-0.0058 (-2.231)
VEV	-0.0058 (-0.8395)	-0.0069 (-0.5175)	-0.0046 (-1.506)	—	—	—
VTURN	—	—	—	-0.0012 (-0.115)	-0.0015 (-0.0874)	-0.0023 (-0.9315)
SIZE	-0.0069 (-1.8975)	-0.0023 (-0.299)	-0.0012 (-3.5304)	-0.0104 (-2.875)	-0.0035 (-0.529)	-0.0173 (-4.8415)
BM	0.0012 (0.5060)	0.0104 (1.702)	-0.0069 (-2.323)	0.0012 (0.3105)	0.0092 (2.093)	-0.0069 (-2.3345)

续表

回归系数	EV			TURN		
	区间1	区间2	区间3	区间1	区间2	区间3
PRICE	-0.0035 (-1.265)	-0.0046 (2.1505)	-0.0023 (-3.427)	-0.0023 (-3.588)	-0.0035 (-2.139)	-0.0023 (-3.519)

　　通过表 5 - 5 实证结果可以看出，创业板上市规模变量 SIZE 与超额收益在三个期间中呈现出"小规模"效应，回归系数皆为负值，虽然在区间 1、2 上表现得不太显著。从价格 PRICE 变量来看，也存在较明显的"低价股"效应。对于 VEV、VTURN 来说，发现它们在三个区间里的回归系数为负值，并不显著，这反映出创业板个股的流动性特征还不够稳定。从三个区间来看，VEV、VTURN 变量在区间 3 上表现出最强的负相关关系，而在创业板创立至今整个区间来看，这种负相关关系表现最弱。

　　现有研究认为股票市场的流动性风险具有一定的普遍性，创业板市场也不例外。流动性对于股票收益的影响，主要体现为预期流动性和非预期流动性。预期流动性表现为投资者积极调整投资组合产生的，而非预期流动性是由市场上新信息不断流入而导致的，能反映市场投机性程度。Amihund 和 Mendelson 通过一系列研究发现股票市场存在非流动性溢价：持有流动性较弱的股票在市场流动性方面面临着额外风险，为了弥补这种流动性风险，投资者对持有流动性较弱的股票要求较高的非流动性补偿，所以产生了非流动性溢价。[①]

　　本章考虑采用反映股票交易活跃程度的指标，包括交易金额和换手率及相关波动率来测度创业板市场三个不同时间期间流动性溢价状况：一个是创业板存续的整个期间（2010 年 6 月 4 日至 2013 年 9 月 30 日），一个是非明显超额收益期间（2010 年 6 月 4 日至 2012 年 11 月 30 日），一个是创业板指数产生明显超额收益的期间（2012 年 12 月 3 日

---

① Y. Amihund and H. Mendelson, "Asset Pricing and the Bid-ask Spread", *Journal of Financial Economics*, No. 17, 1986.

至 2013 年 9 月 30 日），借助于 Fama-Maceth 模型考察了创业板上市公司的市场流动性与超额回报率的关系。研究后发现创业板上市样本公司中存在一定程度的小规模效应和低价效应，反映上市公司规模大小的变量 SIZE 和价格高低变量 PRICE 与超额收益关系较为稳定，在三个期间较为显著。而账市比变量对超额收益的影响则表现得不太明显。从衡量流动性的换手率、交易额及波动率指标来看，在区间 3 中表现得较为显著，在区间 1、2 中则表现得不够显著，但是它们与流动性负相关关系表现得较为明确。

第六章 创业板样本股交易型操纵特征识别研究

　　股票的操纵行为主要分为三种形式：信息型、行为型、交易型。信息型操纵一般由市场操纵者通过其信息的控制权达到使得其他投资者做出错误决策而达到获利的目的，在现实中，庄家主要通过控制发布利空利好消息来配合其市场操作。行为型操纵又被称为经营性操纵，主要指操纵者通过资产重组、并购等行为使得投资者的价值感知发生变化，进而影响到股票交易价格。交易型操纵主要指操纵者通过交易活动达到特性的量价状态，拉升股价完成操纵获利的过程。对于内幕信息与内幕交易，我国《证券法》（2006 年修订）第七十三、七十四条做了相关的规定。对于股票价格操纵，《证券法》做了四条认定和规定：（一）单独或者通过合谋，集中资金优势或者利用信息优势联合或者连续买卖，操纵证券交易价格或者证券交易量；（二）与他人串谋，以事先约定的时间、价格和方式相互进行证券交易，影响证券交易价格或者证券交易量；（三）在自己实际控制的账户之间进行证券交易，影响证券交易价格或者证券交易量；（四）以其他手段操纵证券市场。证券法中还明确规定了因为操纵市场行为给投资者造成损失的，行为人要承担相应的法律责任。近年来，股票价格操纵越发隐蔽，呈现出以交易型操纵为主，而以信息型操纵和行为型操纵为辅的主要的特征。[①]

---

① 李学等：《市场操纵过程中低贝塔系数现象研究》，《证券市场导报》2004 年第 12 期。

第一节　股价交易型操纵行为及其后果

　　股票价格的操纵与坐庄行为关系密切。在我国证券市场上曾经出现的庄家机构包括各种证券投资基金、证券公司自营盘、私募机构，甚至包括国有企业、国有控股公司、上市公司自身等。[①] 虽然 A 股市场上市公司股权结构的"一股独大"现象没有发生改变，但是交叉持股、集中投资也很常见，这很可能为进行交易型操纵做好了铺垫和掩护。特别是对于创业板股票，本身流通市值不过几十亿元（有的公司市值在 10 亿元左右），如果基金对某只股票扎堆投资，那么股价短期很容易出现暴涨行为。2015 年以来，例如暴风科技、全通教育、安硕信息、朗玛信息等很多公司都出现了汇添富基金大笔买入行为而股价急速上涨的现象。实际上，公募基金等机构投资者要遵循多项监管要求，但是集中持股现象可以认为是行为型操纵的监管灰色地带。根据东方财富网消息，在 2015 年第一季度财务报告披露时，从公布的持仓前十大流通股东来看，全通教育年报显示前十大流通股东全部为公募基金和社保基金。2016 年第一季度，前十大流通股东持股达到 1545.42 万股，占流通股的比例为 34.81%。值得注意的是，有 4 家基金新进，3 家增仓。此外，朗玛信息的流通股东中也有工银基金旗下的 4 只基金以及华商基金旗下的 4 只基金。本书研究交易型操纵过程中的庄家主要是根据持股目的，而不做资金来源细分。由于机构投资者集中持股导致股价与股票内在价值严重背离，虽然机构投资者的公开投资行为没有触碰股价操纵红线，但是为了研究便利，机构重仓持股导致股价快速上涨行为也列入交易型操纵的范畴。

　　从股价操纵常见的手法来看，国外将其分为三种，分别是多头型、空头型、逼空型。所谓多头型操纵主要是庄家投资者在股价低位时大笔买入，这时的市场股价慢慢形成阶段性底部（当然庄家机构除了具备资

---

　　① 杨胜刚：《行为金融、噪声交易与中国证券市场主体行为特征研究》，《经济评论》2002 年第 4 期。

金优势外，还具有信息优势以及较准确的经济形势、行业周期判断能力），随着低位筹码收集完成，消息面开始趋好，有时庄家会借助于行业性、公司特殊利好事件拉抬股价，在此过程中不断换手，至股价见顶前后庄家完成股票筹码的换手，此时股票又恢复到无庄的状态。空头型操纵主要是指庄家利用各种利空消息靠打压股价卖空头寸获利，虽然我国券商已经有融资融券业务，但是相对于融资业务，融券做空规模明显偏小，导致很难有投资者能够依靠股价下跌来做空操纵获利。第三种逼空型操纵主要是指庄家通过集中囤积被做空投资者的股票，迫使他们在规定的交割日期到来时无法实现低价买入股票平仓，不得不以高价从庄家手中买回头寸来完成平仓，从而使得庄家获利丰厚。由于我国市场中的衍生品诸如股指期货、期权等资金起点较高，中小散户投资者很难参与其中，跟风操作很难形成，而且衍生品交易容易受到国际金融市场的风险传染，不具有典型性，所以本书主要研究第一种多头型操纵。

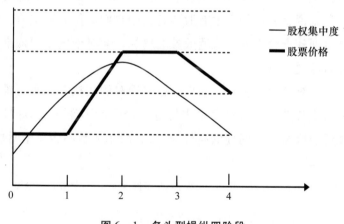

图6-1　多头型操纵四阶段

对于创业板市场的操纵研究，主要以多头型操纵作为研究对象，假设创业板股票交易型操纵分为四个阶段，横轴水平方向为时间变量，纵轴主要反映股票价格变量。第一阶段为庄家建仓阶段，股价处于阶段性低位，从股权集中度来看，股票筹码开始出现集中，中小散户数量开始下降［时期（0，1）区间］；第二阶段为庄家拉升阶段，由于庄家的控盘拉升，部分被操纵股票股权集中会继续出现集中特征［时期（1，2）区间］；第三、四阶段为庄家的出货阶段，从股票价格来看一般处于相对高位，事后看为阶段性顶部区域［时期（2，4）区间］，在此阶段股权集中度先是出现快速下降，之后缓慢快速下降（如图 6-1 所示）。

　　虽然股价操纵的研究文献中股权集中度是一个关键变量，但是对于股权集中度的测度指标选择却莫衷一是。先后出现过的替代研究指标有：股东人均市值[①]、股东人均持股数[②]、股东人数[③]、HHI 指数（Herfidarl-Herschmen Index）即前十大股东持股比率的平方和[④]、前五大股东持股比率[⑤]、流通股比率[⑥]、大户持仓比例[⑦]等。

　　从股票的操纵过程来看，上述的指标会呈现出不同的特征：在庄家开始建仓阶段，由于筹码开始向散户收集筹码，股票开始向主力账户聚集，这时散户账户数量发生减少（考虑到交易成本和交易便利性，庄家账户为有限数量），从股东人均市值来看会出现增加。如果前十大股东中有持股机构为庄家则 HHI 指数表现为一定的增加，对于流通比率和流通股数量来说，一般如果没有股票解禁则它们取值为固定值。如果发生解禁则流通比率会上升，流通股数会增加，而对于发生回购事项的公司这意味着流通股数量会减少。

　　在股票操纵的拉升阶段，如果庄家采用对倒式拉升，实力雄厚的庄家会利用资金优势，保持自己手中持有股份数量不变（或者波段操作，采取继续低位吸筹，区间性低高位抛出），股东人数不会发生明显变化，

　　① 于鸿君等：《论"庄股"识别——基于人均市值指标的实证检验》，《金融研究》2005 年第 10 期。

　　② 鲁桂华：《坐庄行为股票价格对会计盈余的过度反应与资本配置效率》，《南开管理评论》2012 年第 5 期；鲁桂华等：《庄与会计盈余的价格含义》，《管理世界》2005 年第 7 期。

　　③ 周宏：《大批庄家盛极而衰今年覆灭——庄股将退出历史舞台》，《国际金融报》2003 年第 6 期。

　　④ 陈晓等：《"庄家"与信息披露的质量》，《管理世界》2003 年第 3 期。

　　⑤ 王咏梅：《会计信息披露的规范问题研究》，《会计研究》2001 年第 4 期。

　　⑥ 唐俊等：《证券咨询机构选股建议的预测能力分析》，《财经论丛》2002 年第 1 期。

　　⑦ 张军：《我国深圳股市"庄家操纵"特征的实证分析》，《系统工程与理论实践》2002 年第 9 期；张胜等：《深圳股票市场"庄股市场"特征的实证分析》，《经济科学》2001 年第 6 期。

相应地，HHI 指数、流通股比率和数量也不会发生太大变化。

在股票价格操纵的出货阶段，庄家的目标就是要实现在价格相对高位把股票转卖给其他投资者。由于一般个人投资者资金数量较小，所以从持股的账户数量总额来看，个人账户数量会显著增加，从股票的人均市值来看，由于账户数量激增，人均市值会下降。如果有大股东发生减持，则 HHI 指数会出现下降，当然相关变量数值有可能不会出现等比例线性的减少，具体的性态特征取决于庄家的操纵手法。从流通股数量和流通股比率来看，如果被操纵股票的公司没有出现增发、配股、送股、回购等事项，这两个参数不会出现明显变化。

在股票发生操纵过程中，从指标敏感性来看，最显著的操纵指标应该是股东人均市值。该指标的敏感性主要是由于庄家与普通个人投资者在资金实力上面的差异性所带来的，一般而言庄家机构的资金是普通投资者百倍乃至于千倍，当股票中有庄家的存在时，体现为股票账户平均市值的相对集中，而当股票处于"无庄"状态时，体现为普通投资者持股账户数量窄幅变化。其他测度指标，例如 HHI 指数和前五大股东持股比率，如果庄家投资者相对实力较强能够跻身于控股股东前列，则该指标也会发生变化，如果庄家操纵方式较为隐蔽，利用分散账户持股、控股，则在股价交易过程中，这两个指标就很难指示操纵的发生。最后，流通股比率和流通股数量指标来看，也存在类似的现象，如果操纵股票的庄家利用股票的增发、回购、配股、送股等事项达到操纵的目的，则会带来它们的明显变化，反之则它们不会发生明显变化，很难指示操纵的发生。结合国内实证研究成果的结论，以上指标指示操纵事项发生的敏感性如表 6 - 1 所示。

表 6 - 1　　　　　　股价操纵各阶段庄股识别指标的变化结果

研究指标	买入阶段	拉升阶段	卖出阶段	敏感性排名
股东人均市值	增加	增加	减少	1

续表

研究指标	买入阶段	拉升阶段	卖出阶段	敏感性排名
股东人均持股数	增加	不变	减少	2
股东人数	减少	不变	增加	3
HHI 指数	微幅增加	不变	减少	4
前五大股东持股比率	微幅增加	不变	减少	5
流通股比率	不变	不变	不变	6
流通股数量	不变	不变	不变	7

除了上述指示指标，刘元海研究股票价格操纵后认为，伴随着操纵过程，持股股东数量与股票价格的变化有密切的协同演化关系，股东人数的变化对股票价格异动有很强的解释能力。[1] 价格拉升过程中股东人数都会呈现出先减少后增加的特征，所以证券监管部门可以通过股东人数异常变化来识别、跟踪可疑交易账户。然而由于信息披露及时性的矛盾，持股账户信息迟滞从而利益相关者很难从中获得有启示性的线索。从价格操纵实际后果来看，不仅股东人数、持股集中度等参数发生显著变化，变化最直观的还是证券价格与成交量参数。从实际操纵过程来看，价格因素更为重要，没有价格的显著变化，操纵者很难实现风险转嫁和获取操纵利润的目的。被操纵股票价格异动主要体现为两种情形：一是股价变动明显偏离于公司基本面的变动。在交易型操纵过程中，公司的基本面和宏观基本面几乎都没有新信息的注入，但是股价却出现明显上涨；二是股价的变动远远偏离了大盘的走势，股价的变化显著地强于市场平均状况。李学通过研究操纵股票组与对照组后发现，被操纵股票会出现低贝塔值的现象，低贝塔值股票组的同期表现会强于对照组，低贝塔值也是股票价格发生异动的重要特征。在股票控盘到减持过程中，成交量相对于其他交易期间呈现明显放大，由此可见，股票价格和成交量显著变动也是股票发生操纵的必然结果。

① 刘元海：《金融市场操纵理论评述》，《经济学动态》2002 年第 10 期。

第二节　创业板样本股交易型操纵特征变量选择

通过以上一节分析可知，股票被操纵后，在价格、成交量、投资风险方面将会表现得较为异常，所以有必要针对创业板上市公司在操纵前后的特征进行分析。本书选择创业板上市公司中首批 28 家公司作为研究样本，根据 CHIPS 专家系统数据可以得知，自创业板上市以来至 2013 年 9 月 30 日止，首批创业板上市公司中有 300002、300004、300005、300006、300012、300014、300015、300017、300020、300024、300026、300027 对照同期市场累计超额收益率超过 100%，而在创业板随大盘回落最低点至创出新高的时间段为 2012 年 12 月 3 日至 2013 年 9 月 30 日，在此期间有 20 家创业板上市公司的累计超额收益率超过了 50%，它们分别是 300001、300002、300003、300004、300008、300009、300010、300011、300012、300013、300014、300015、300017、300019、300020、300024、300025、300026、300027、300028（见表 6 - 2）。

表 6 - 2　　2012 年 12 月 7 日至 2013 年 9 月 30 日创业板 20 只
股票累计超额收益率

股票代码	累计超额收益率
300001	0.569
300002	1.690
300003	0.674
300004	0.644
300008	0.527
300009	0.644
300010	0.697
300011	0.527
300012	0.690
300013	0.909

续表

股票代码	累计超额收益率
300014	1.454
300015	0.676
300017	1.396
300019	0.544
300020	0.788
300024	0.601
300025	0.849
300026	0.664
300027	2.064
300028	0.662

本书将集中研究这 20 家公司在创业板在最低点前后明显发生变化的特征参数。本书将研究期间分为两个阶段：2009 年 11 月 6 日至 2012 年 12 月 3 日（操纵前），2012 年 12 月 3 日至 2013 年 9 月 30 日（操纵期）。为了深入研究创业板被操纵股票的交易特征，还需要选择相应的对照组。一般认为，对照组股票越是接近被操纵股票，则研究结论更富有实际意义。鉴于创业板上市公司规模、新兴行业特点，本书将按照 CHIPS 专家系统数据里行业地位排名中流通市值、流通股数、主营业务较为接近的对照样本公司。创业板上市公司的市场操纵表现主要分为纵向分析和横向分析。其中纵向分析首先考虑创业板被操纵股票在操纵前后在价格、成交量、风险水平、股权集中度等方面的差异，其次考察对照组股票与创业板被操纵股票在操纵前后的市场表现。对于纵向分析主要采用 T 值检验或者 Wilcoxon 秩和检验。

测度创业板股票是否发生操纵，可以利用价格、成交量、风险水平、股权集中度等维度的指标，如果每个方面都采用两个或多个指标来反映，那么可以更为精确地刻画被操纵股票的市场特征，也可以提高相关检验的稳健性。借鉴陆蓉等人的指标选择，在价格方面选取收益率与超额收益率两项指标。[1] 收益率主要采用 CHIPS 专家数据中的对数收益率，考虑到创业板上市公司发放现金股利、股票股利等除权对收益率的影响，计算方法为向前复权的对数收益率。超额收益率为特定股票的收益减去上证指数基准收益。在成交量方面，主要选择换手率、成交量和成交金额三个指标，它们都可以直接从 CHIPS 专家数据中导出，考虑到成交量与成交金额数值较大，采用对数化处理。风险方面的变量主要选择波动率和贝塔值两项，为了便于统计，本书的波动率选择收益率的标准差来衡量，贝塔值一般根据市场模模型回归得到，而本书直接通过 CHIPS 专家数据导出获得。反映股权集中度的参数为人均总市值，即创业板上市公司的总市值除以股东总人数，这些数据在公开的财务报表中都可找到，部分不完整的创业板公司可以采用前后报告期的平均值来替代。

第三节　创业板股票交易型操纵的实证检验

首先要对创业板股票被操纵前后以及被操纵样本公司与对照组的各个指标序列进行正态性检验。在判断指标序列值均值是否存在显著差异时，如果两组样本同时都服从正态分布，可以采用 T 值检验，如果两组样本中至少有一个不服从正态分布时，宜用 Wilcoxon 秩和检验。通过对相关样本的计算后发现，被操纵股票与其对照组在操纵期间的贝塔值、超额收益率、成交金额、波动率都服从正态分布，而成交量、换手率则呈现出尖峰厚尾的特征。

表 6 - 3　　　　　　创业板股票操纵期前后序列均值比较

指标名称	测试类型	检验结果
收益率	Wilcoxon 秩和检验	-2.924 (0.006***)

---

[1] 陆蓉等：《股票操纵行为市场表现及判别研究》，《证券市场学报》2009 年第 4 期。

续表

指标名称	测试类型	检验结果
超额收益率	Wilcoxon 秩和检验	-3.274 (0.003***)
换手率	Wilcoxon 秩和检验	0.071 (0.873)
成交量	Wilcoxon 秩和检验	-1.261 (0.208)
成交金额	Wilcoxon 秩和检验	-2.894 (0.003***)
贝塔值	T 值检验	3.582 (0.002***)
波动率	Wilcoxon 秩和检验	0.037 (0.877)
人均总市值	Wilcoxon 秩和检验	-4.732 (0.0007***)

从表 6 - 3 可以看出，创业板上市公司的换手率、成交量和波动率在股票发生操纵前后没有发生明显变化。对于成交金额，操纵期间的金额要显著高于操纵前的交易金额。从人均总市值来看，操纵期间要显著高于操纵前。从收益率和超额收益率来看，它们的结论是一致的，两者在操纵前后都发生了较为显著的变化。从衡量交易风险的贝塔指来看，操纵前后的两组贝塔值对应的 P 值为 0.002，显著小于 1%，说明创业板上市公司样本股在操纵前后期间存在显著差异。在进行单侧的 T 值检验后发现，操纵期间的创业板上市公司的贝塔值要显著低于操纵前，间接说明在创业板市场交易型操纵过程中呈现出低贝塔值现象，这与之前的结论基本一致。

表 6 - 4   创业板股票与对照组在操纵期前后序列均值比较

指标名称	测试类型	检验结果
收益率	Wilcoxon 秩和检验	-2.896 (0.009***)

续表

指标名称	测试类型	检验结果
超额收益率	Wilcoxon 秩和检验	-3.782 (0.005***)
换手率	T 值检验	-0.935 (0.612)
成交量	Wilcoxon 秩和检验	0.251 (0.726)
成交金额	T 值检验	-2.749 (0.007***)
贝塔值	T 值检验	4.632 (0.004***)
波动率	Wilcoxon 秩和检验	-0.896 (-0.534)
人均总市值	Wilcoxon 秩和检验	4.538 (0.002***)

通过表 6-4 可以看出，在操纵期间收益率、超额收益率、成交金额、贝塔值、人均总市值都通过了 1% 水平下显著性检验。操纵股票的收益率和超额收益率要明显高于对照组，成交金额方面操纵期间创业板操纵样本也明显高于对照组，而人均总市值方面，创业板操纵样本与对照组在操纵期间也存在明显变化。从贝塔值来看，创业板操纵样本在操纵期间要明显小于对照组的贝塔值。

第四节　基于 Logistic 模型的创业板股票交易型操纵判别

通过之前的分析可以得出，被操纵的创业板股票收益率会高于市场的平均收益，同时也显著区别于对照组收益；从市场风险水平来看，创业板股票的贝塔值在操纵期间呈现出较低水平；从被操纵的创业板股票的换手率、波动率指标来看，也呈现出一定的提高，虽然不太显著；从

被操纵的创业板股票人均总市值来看，相对于操纵前人均总市值有所
提高。

对于创业板股票是否发生交易型操纵，这个问题的判断假设取值为
1 表示发生操纵，取值为 0 表示未发生操纵，这种因变量的逻辑判断可
以通过引入 Logistic 模型加以解决。Logistic 模型构建的函数又被称为增
长函数，因为该模型最早应用于人口增长问题的判断和估计，该模型基
本表达如公式（6 - 1）、（6 - 2）所示：

$$\text{Log}it(p_i) = \text{Log}(\frac{p_i}{1 - p_i}) = \alpha + \beta^{'}x \tag{6-1}$$

$$p_i = \frac{e^{\alpha+\beta'x}}{1 + e^{\alpha+\beta'x}} \tag{6-2}$$

其中，假设 i 表示某只创业板股票在某一交易日发生了被操纵事件，
则（$1 - p_i$）表示没有发生操纵的概率，公式（6 - 1）、（6 - 2）中的 x
表示对应因变量的解释变量和控制变量向量，β 表示创业板股票的贝
塔值。

对于本书的研究，取前面同期超额收益率大于 50% 的 20 家创业板
股票定义为操纵样本，为了验证模型判断的准确性，选择与 20 家公司
市值相近、行业相同、时间相同的股票作为对照组。另外考虑到公司基
本面的重大变化会对公司股价产生影响，结合创业板实际，发生高额送
股（本书采用邹小山认为 10 送 3 以上为重高额送股）或者收益发生
50% 增幅时定义为虚拟变量（DIV），如果有这两项情况发生定义为 1，
否则赋值为 0。这样可以得到 20 家因变量为 1 的发生操纵股票，以及
20 家配对的未发生操纵股票，共得到 40 个研究股票样本。

表6 - 5　创业板交易型操纵股票样本与对照组样本及虚拟变量取值

操纵股票代码	因变量	DIV	对照股票代码	因变量	DIV
300001	1	1	600487	0	0
300002	1	1	002232	0	0
300003	1	0	002021	0	0
300004	1	0	002598	0	0

续表

操纵股票代码	因变量	DIV	对照股票代码	因变量	DIV
300008	1	0	002469	0	1
300009	1	0	002370	0	0
300010	1	0	002373	0	1
300011	1	1	002023	0	0
300012	1	1	002398	0	0
300013	1	0	600794	0	1
300014	1	0	002531	0	1
300015	1	0	600763	0	0
300017	1	0	002253	0	0
300019	1	1	002601	0	0
300020	1	0	000948	0	0
300024	1	0	000757	0	0
300025	1	0	002642	0	1
300026	1	1	002294	0	1
300027	1	0	600088	0	0
300028	1	0	002313	0	0

　　在自变量的选择中，考虑将贝塔值、波动率、人均总市值和创业板公司是否有利好事件发生四个变量引入 Logistic 模型，分别记为 BEITA、BODONG、RENJUNZONGSHIZHI、DIV 指标。在进行 Logistic 模型分析时，面临的一个重要问题就是阈值的选择。因为阈值的选择会影响到两类错误的发生，第一类错误是误拒错误，第二类错误是误受错误。误拒错误是指将发生了交易型操纵的创业板股票判断为未发生操纵，误受错误是指将未发生操纵的股票判断为发生操纵。在判断实际问题时，为了满足对称性要求和便于计算，通常取阈值为 0.5。因为阈值取值太低会使得非事件当作事件接受，而阈值太高会使得事件很难被侦测而导致模型失效。史永东认为如果市场发生操纵，那么产生的破坏性是极高的，所以从维护资本市场健康和公平角度看，应该尽量选择容忍较低的误拒风险，容忍误受风险的提高，即意味着在发现所有的操纵案例而容忍对

非操纵判断为操纵的错误。[1] 通过 Eviews6.0 软件将相关变量数据代入序列，得到二元选择的 Logistic 自变量及 P 值，如表6 - 6 所示。

表6 - 6 　　　　　　　创业板操纵样本股票 Logistic 回归参数

Variable	Coefficient	Wald	Prob.
C	- 2. 736399	40. 504	0. 0001
BEITA	- 1. 491099	592. 925	0. 0027
BODONG	- 0. 105394	64. 329	0. 0166
RENJUNZONGSHIZHI	0. 000025	248. 368	0. 0085
DIV	2. 024115	2. 486	0. 0036

通过表6 - 6 自变量回归系数、P 值可以得出创业板操纵样本公司的回归方程：

$$\text{Log} it(p_i) = -2.736399 - 1.491099 BEITA - 0.105394 BODONG +$$
$$0.000025 RENJUNSHIZHI + 2.024115 DIV$$

从回归方程系数来看，贝塔值的回归系数为负值，反映出创业板被操纵的股票呈现出贝塔值的负向变动特征，波动率变量的回归系数也为负值，而人均总市值变量的回归系数为正值，说明人均总市值越大则股票发生操纵的可能性越高。在回归方程中，反映股票基本面变化的 DIV 变量也通过了显著性检验，说明创业板上市公司的操纵有时也需要基本面、题材的配合，这是符合股票市场实际的。

史永东研究后发现不同的阈值选择将会对研究的结论产生很大影响，一般而言，阈值越低，则判别的正确率会越高，而且阈值的选择与市场状态也有密切关系。[2] 对于创业板操纵样本与对照组非操纵上市公司股票假设阈值取 0.5 来看，则 20 个因变量为 1、发生操纵的创业板上市公司有 17 家被成功预测，有 3 个被误判为 0，正确判别率达到 85%，

---

① 史永东：《资本市场中的投资泡沫、羊群行为和投资者心理》，博士学位论文，东北财经大学，2003 年。

② 同上。

对于 20 家未被操纵的，因变量取值为 0 的股票，有 15 个被预测，有 5
家被误判为出现操纵，判别成功率为 75%，这和选择的样本公司特征
与被操纵创业板公司特征相符程度及市场走势有很大关系。

创业板市场中的交易型操纵现象相对其他板块、概念来说显得十分
明显，所以构建具有较高应用性的操纵行为判别指标体系对监管部门来
说具有重要的现实意义。本章通过对创业板操纵期间超额累计收益率超
过 50% 的 20 家公司进行整理研究，通过 T 检验和 Wilcoxon 秩和检验判
别出被操纵的创业板上市公司在操纵前后，不同于对照组样本上市公司
的交易特征和市场表现指标，并从因变量的二元逻辑属性出发，利用
Logistic 模型对操纵样本和对照组构建判别模型，得出如下研究结论：

创业板操纵样本公司在操纵期间呈现出低贝塔系数特征，这与之前
的其他操纵样本得出的研究结论是一致的。从收益率、超额累计收益来
看，创业板上市公司在操纵期间确实有高出市场平均基准收益水平。这
也印证了这种巨幅收益是非正常的，很可能正是由于交易型操纵引发创
业板股票一段时间，特别是操纵拉升期间的明显正收益及出货完成后的
下跌动量效应。从人均总市值指标来看，创业板操纵样本公司也呈现出
在操纵前后期与样本公司存在显著的差异特征。所以在 Logistic 模型的
自变量选择中考虑了上述三个方面。另外，通过回归方程还发现创业板
操纵样本公司受到衡量基本面明显改善，发放高额股利等事件的影响，
而且回归系数为正值。最后对照样本公司，对操纵样本进行了识别研
究，发现 Logistic 模型对于操纵样本的及时率为 85%，而非操纵样本的
正确判断率为 75%，这说明该模型在创业板操纵过程中的识别率是较
高的。

第七章　创业板股票交易型操纵研究 结论、治理对策及研究展望

第一节　创业板股票交易型操纵研究结论

本书以创业板市场发生交易型操纵后果的特征为研究切入点，结合市场参与者特点，构造了交易型操纵理论模型，得出了发生交易型操纵的条件，在具体研究创业板股票交易型操纵后得出如下结论。

一　动量效应与反转效应

创业板样本股在动量效应与反转效应方面有着完全不同的特点。本书针对两个不同长度时间区间（一是 2009 年 11 月 6 日至 2013 年 9 月 30 日，二是 2012 年 12 月 3 日至 2013 年 9 月 30 日）考察创业板市场股票的动量效应。在第一个研究期间里，在形成期为一周时，而持有期间中有三个参数取值为负值，一个参数为正值，可以认为形成期与持有期的收益有一定反转效应；在形成期为两周时，持有期为一周、两周长度，收益参数变现出动量效应，而在持有期为四周和八周时，则呈现出一定的反转效应；在形成期分别为四周和八周时，得出的数据较为统一，可以看出形成期与持有期之间存在负相关关系，表现为一定的反转效应。在第二个研究期间里，在各不同的形成及持有期间下，创业板市场个股存在较明显的动量效应，它们股价波动之间存在一定的市场联动性，而且动量收益在该段区间发现与时间周期长度呈现出正相关关系。

二　交易型操纵量价关系

通过利用格兰杰因果检验工具对创业板市场指数及其成交量参数的因果关系进行检验，本次发现对于创业板市场而言，市场本身的量价因果关系在较高显著性水平下是成立的。对于创业板板块来说，从滞后阶数 2、4、8、10、12 都可以看出，收益率上升是成交量增加的格兰杰原因，说明随着股价的上升，投资者以价格上涨为信息，间接印证了我国股票市场上普遍的"追涨杀跌"的操作模式。从成交量对收益率的因果关系检验来看，在滞后阶数为 6、8 时，在 5% 显著性水平下通过了检验，而在滞后阶数为 2、4、10、12 时，不能拒绝原假设。在混合分布假设（MDH）基础上，从创业板上市公司的 GARCH 模型估计结果来看，它们的收益率的波动存在较为明显的集群性特点。

三　创业板流动性溢价

本书考虑采用反映股票交易活跃程度的指标，包括交易金额和换手率及相关波动率来测度创业板市场在三个不同期间里流动性溢价状况：一个是创业板存续的整个期间，一个是非明显超额收益期间，一个是创业板指数产生明显超额收益的期间。借助于 Fama-Maceth 模型考察了创业板上市公司的市场流动性与超额回报率的关系。研究后发现创业板上市样本公司中存在一定程度的小规模效应和低价效应，反映上市公司规模大小的变量 SIZE 和价格高低变量 PRICE 与超额收益关系较为稳定，并在三个期间较为显著。而账市比变量对超额收益的影响则表现得不太明显。

四　创业板操纵特征识别

本书通过对创业板操纵期间累计超额收益率超过 50% 的 20 家公司进行整理研究，通过 T 值检验和 Wilcoxon 秩和检验判别出被操纵的创业板上市公司在操纵前后不同于对照组样本上市公司的交易特征和市场表现指标，并从因变量的二元逻辑属性出发，利用 Logistic 模型对操纵样本和对照组构建判别模型，得出如下研究结论：创业板操纵样本公司在操纵期间呈现低贝塔系数特征，这与之前的其他操纵样本得出的研究结论是一致的。从收益率、超额收益率来看，创业板上市公司在操纵期间确实高出市场平均基准收益水平，这也印证了这种巨幅收益是非正常的，很可能正是由于交易型操纵引发创业板股票在一段时间内，特别是操纵拉升期间的明显正收益及出货完成后的下跌动量效应。从人均总市值指标来看，创业板操纵样本也呈现出在操纵期前后与样本公司存在显著的差异特征，所以在 Logistic 模型的自变量选择中考虑了上述三个方面。

第二节　创业板股票交易型操纵治理对策

股票的价格操纵带来的是社会财富掠夺性的再分配，操纵者通过交易型、行为型、信息型操纵达到获取超额甚至非法利润，严重违背了资本市场公开公平公正的基本原则。股票的价格操纵带来的社会后果是股民对资本市场发展前景的信心下降，以及市场的基础性资源和财富分配功能的丧失。特别是创业板市场，如果创业板市场不能成熟稳健地发展，社会融资渠道瓶颈无法取得突破，在公共投资规模增速下降的背景下，创业板及注册制的顺利推行，将关系到中小创业型、创新性企业的发展，甚至关系到我国整体社会整体福利的提升。严重的交易型操纵也会使得虚拟经济过热、资产泡沫产生，股价严重超过其公司的内在价值。市场的乐观情绪不可能长久持续，泡沫的破灭对创业板市场带来的打击将是沉重的，甚至会通过衍生金融工具危及整个金融系统的安全。所以对创业板市场操纵的治理需要借鉴成熟资本市场的反操纵经验，并对交易型操纵特征进行细致深入的研究。基于对创业板交易型操纵行为特征的研究，本书提出如下治理对策。

一　监测创业板公司动量效应强度，及时重点关注操纵资金账户

从创业板股票交易型操纵过程来看，短周期下的动量效应强度越高，说明这个股票被操纵的可能性越大。相关监管部门可以开发出利用最新的大数据分析技术，利用交易所数据，跟踪那些短期动量效应特别

是短期上涨速度过快的股票，并在交易过程中提示关注，特别是要向散户投资者及时揭示投资风险，防止散户投资者盲目跟风买进，造成重大投资损失。一般而言，对于有股价操纵嫌疑的创业板股票要及时关注大额买进买入的嫌疑账户，创业板股票市值基本上在 100 亿元左右，相关监管部门对于短期涨幅过大过急的账户分笔交易要密切跟踪，及时发现交易型操纵行为。股票的操纵行为要付诸实施，必须要通过多个账户进行，账户数量的增加也会增加操纵者的交易成本，所以理论上操纵者操纵账户数量不可能无限大，而且国内的学者胡祖刚等人发现单个账户持股数量为 5 万股的账户表现极为异常，而且是对股票价格有决定影响。①所以针对创业板上市公司的交易型操纵，要通过分笔交易数据，测算出特定创业股票的股价异动阈值，关注买卖交易方向、金额，对于那些有明显对敲、盘中异常拉升股价行为的嫌疑账户要重点监管，根据实名制账户排查相关联的交易人。在对异动账户的跟踪过程中，相关监管部门要充分调动证券公司对价格异动交易的监督作用。每个证券公司都有自己的重点大客户，对于现实过程中的大户证券公司能获得客户的交易指令信息，对于异常交易的及时报告制度应该成为监管交易型操纵的重要突破口。

二 跟踪量价关系、流动性溢价异常股票，打击交易型操纵

通过对创业板上市交易两个时期量价关系的研究发现，创业板市场量价因果关系在较高的显著性水平下是成立的。收益率上升是成交量增加的格兰杰原因，说明在创业板市场中，投资者以股价上涨作为重要的趋势判断依据，造成了创业板市场存在"追涨杀跌"的行为模式。从创业板流动性溢价研究结果看，创业板股票流动性较弱的股票在市场流动性方面面临着额外风险，为了弥补这种流动性风险，投资者对持有流动性较弱的股票要求较高的非流动性补偿。创业板由于股票总市值规模相对较小，很容易受到资金的控盘，形成连续上涨的非理性行情。在实际监管工作中，要重视量价关系的分析，抓住交易型操纵留下的痕迹，

---

① 胡祖刚等：《中国证券市场股票价格操纵研究》，《证券日报》2003 年第 5 期。

为打击遏制交易型操纵提供基础性的量价特征参数。2009 年 10 月，为了抑制创业板新股上市遭受爆炒，证券监管部门紧急下发了《关于创业板首次公开发行股票上市首日交易监控和风险控制的通知》，主要提出了针对抑制盘中创业板股票过高涨幅的三档盘中停牌交易制度：当股票上市首日盘中成交价格较当日开盘价首次上涨或下跌达到或超过 20%时，深交所可对其实施临时停牌 30 分钟；上涨或下跌达到或超过 50%时，深交所可对其实施临时停牌 30 分钟；上涨或下跌达到或超过 80%时，深交所可对其实施临时停牌至收市前 3 分钟。

三　尽快实现创业板股权的全流通，完善股市运行的基础

创业板股票发行及流通中存在比较突出的问题是尚未实现全流通，这与 A 股市场发行的政策规定有关系，谋求各方利益平衡所致。例如，300210 截至 2013 年末的流通比例仅为 26.32%，300218 截至 2013 年末的流通比例仅为 28%。2014 年上市的创业板公司存在的问题尤为突出，300380、300381、300382、300383 的流通比例仅为 25%。股票的低流通率会带来两个方面的问题，一方面由于创业板股票本身数量少，低流通率会使得操纵资金更容易达到控股锁盘的目的，加剧市场上的供求不平衡。另一方面，如果某只股票的操纵投资者持股成本较低，当市场出现上涨行情，那么该只股票出现操纵、高位套现的可能性将会加大。所以，创业板股票的发行制度也要改革，这对股市发挥正常功能有现实意义，与反交易型操纵也有密切关系。

四　培育价值投资理念，提高创业板投资者理性程度

我国股票市场设立至今不到三十年的时间，创业板市场不过区区几年时间，所以作为市场投资主体的散户和机构投资者的投资理念不够成熟，加之我国资本市场中的上市公司质量不高、分红意愿低，诸多因素形成了 A 股市场很浓的投机氛围。现实的股价操纵之所以能够实现，主要是操纵者善于利用中小投资者在投资过程中的非理性投资偏差，包括常见的处置效应和羊群效应等。我国创业板市场的股票普遍流通盘较小，当某只股票被主力资金控盘后，在形成量价齐升格局后，趋势追逐

者会放弃自身掌握的价值信息，无视股票价格严重透支公司未来的发展潜力和股价泡沫的出现，在股价出现正反馈条件下，创业板股票很容易产生一段动量效应强劲的上涨行情。随着股价的上涨，新的投资者会加入到多头行列，股价的轮番上涨为交易型操纵者的筹码派发提供了便利。当然，操纵者会综合利用被操纵者的锚定心理、损失厌恶心理，诱导投资者抬轿。而我国创业板上市公司大多符合国家产业政策鼓励行业，具有较好的成长性，富有炒作的题材，主力资金善于通过"讲故事"引导散户投资者跟风，形成羊群效应，这也为股票价格顺利拉抬提供了可能。所以，非理性投资者的价值投资、风险观念教育工作亟待推进，只有投资者具备了理性判断的能力，才能使跟风效应会下降，操纵者操纵成功的概率会下降。

除了个人投资者的理性程度需要提高外，我国资本市场中基金、保险、信托等机构投资者的市场稳定、价值发掘的作用也有待增强。机构投资者一般具有较强的市场判断能力，所以当在市场情绪过热时应该自觉降低投资标的数量而不应该成为市场进一步做多的力量，机构投资者也要时刻谨记股票投机泡沫的破灭，自己也很难独善其身。随着创业板市场指数成分股的确定，很可能会出现部分创业板公司基金等机构投资者扎堆的现象，有可能出现机构投资者的交易型操纵。我国资本市场中，机构投资者从持股流通市值比例来看约为15%，远低于发达国家70%的比例，个人投资者主导的市场中，机构投资者要尽职勤勉，恪守价值投资理念，倡导长线投资，防止股价的大幅波动。

五　规范创业板上市公司信息披露，消除内幕交易现象

资本市场存在信息不对称，创业板市场也不例外。从投资者角度看，如果创业板公司作为信息披露主体，能够按照相关规定履行信息披露义务，并且主动地披露更多有助于投资者做投资价值判断的信息，势必会降低投资者的投资风险。从操纵者角度看，如果能够提前获知公司的内幕消息，则更容易达到完成交易型操纵获取高额收益，当内部交易与操纵行为激励相容时，操纵股价的交易行为将大幅增加。如果操纵者提前获知内部消息，并且尽量模仿其他一般投资者进行交易，而普通投

资者很难发现，但是等到重大的利好消息公布给股价带来巨大冲击。各种假借内幕消息进行交易型操纵的行为其危害在于严重违背"三公"原则，严重干扰了正常的交易秩序，削弱了投资者对资本市场的信息，使得资源配置低效，甚至会严重阻碍资本市场的扩容和多层次市场交易格局的构建。2014 年以来有创业板公司利用并购重组、定向增发再融资等事项进行上市公司市值管理，而一旦这些消息公布后股价出现连续涨停，对此监管部门认为市值管理的本质是价值管理，而不是短期的概念性炒作，市值管理不能触碰虚假披露、内幕交易、市场操纵等高压线。降低内部交易的发生，关键在于上市公司的信息披露要真实、准确、完整、及时，确保无人能提前获得影响股价的内幕信息。我国上市公司目前披露相关信息的主要渠道是通过上市公司定期和临时公告、定期财务报告、首发招股说明书等向投资者完成强制性信息的披露，除了主动性披露信息外，自愿性信息披露的信息对于降低市场信息不对称也很重要。与主板市场比较而言，我国创业板市场上市门槛低，对于投资者而言，为了降低创业板股票的投资风险，他们需要大量的有关公司未来期间的盈利能力、偿债能力、营运能力、获利能力信息来达到降低投资过程中的不确定性目的，这些都对创业板市场完善的信息披露提出了更高的要求。在完善信息披露的同时，要不断改进对内部信息交易的研究，明确内部交易的范围与构成要件，加大对利用内幕消息进行股价操纵的惩处力度，追究股价操纵者的法律责任。

六　提升资本市场法制化水平，提高操纵者违法成本

司法制度是维护资本市场交易秩序的重要基石，在打击创业板市场的交易型操纵过程中加强两方面的工作：一是完善创业板上市公司在发行和交易过程中及时向社会公众公开一切有关公司重要信息的制度，从而保障创业板股票能在有效、公开、知情的交易环境中进行。根据《证券法》的规定，发行人、上市公司招股说明书财务会计报告、上市报告文件及其他重要信息披露文件，有虚假记录、误导性陈述或者重大遗漏，致使投资者遭受损失的要追究相关责任人的责任；发行人、上市公司高级管理人员应当与发行人、上市公司承担连带赔偿责任，有证据豁

免的除外。二是针对股价操纵要加大惩处力度，提高其违法成本。现行
《证券法》中对于依靠内幕消息的知情人或者获取内幕消息的人，在证
券发行、交易等环节买卖或者建议他人买卖的，责令依法处理非法持有
的证券，没收违法所得。单位从事内幕交易的，要追究相关责任人的法
律责任，证券监管机构工作人员进行内幕交易的，从重处罚。针对市场
操纵行为，责令依法处理非法持有的证券，没收违法所得并处以 1 倍以
上 5 倍以下的罚款；没有违法所得或者违法所得低于 30 万元，处以 30
万元以上 300 万元以下罚款。单位涉嫌操纵市场股价的，要对直接责任
人给予警告，并处以 10 万元以上 60 万元以下罚款。从实际司法实践
看，内幕交易的范围和构成要件还有待明确。① 同时我国《证券法》对
股价操纵标准的认定还过于宽泛，同时由于我国属大陆法系国家，控方
举证给操纵案件的认定带来了一些困难，特别是创业板市场操纵手法已
经呈现出很强的隐蔽性。此外，中小投资者利益救济途径和损失赔偿问
题。在发达国家，因为股价操纵给中小散户投资者因为善意购买相关股
票而遭受损失，司法制度也给出了相关的赔偿要求，为了遏制我国创业
板市场中容易发生的交易型操纵，可以借鉴辩方举证和集体诉讼制度，
通过提高操纵者违法成本达到遏制交易型操纵的目的。

第三节　研究展望

本书系统全面地对创业板市场中交易型操纵行为进行了研究，丰富
了真实市场环境下资产定价、风险管理、资产配置等投资领域的相关研
究内容，为投资者提供了更切实可靠的投资理论依据。但是本书的研究
仍然存在着很多不足和有待进一步完善的地方：

（1）由于创业板市场截止到开展研究时，时间跨度较短，所以经
验性验证可能存在一定的效度问题。从 2009 年 10 月创业板市场正式交
易，到 2013 年 9 月时间长度不过 4 年左右，受制于数据库时间长度，
很多研究周期只能限定在日、周、月，而对于季、年等较长周期暂时无

---

① 左顺根：《市场操纵的含义、认定及度量述评》，《西南金融》2012 年第 3 期。

法开展有针对性的实证检验。

（2）书中对交易性操纵的动量效应、量价关系、流动性溢价方面的研究，使得我们更为清楚认识到交易型股价操纵过程中的参数变化规律和内在本质，这为现实投资与资本市场治理提供了新的参考依据。但是由于分析手段的限制，我们还很难开展操纵过程中的微观结构状况与投资者策略、市场机制设计等微观结构因素相互影响关系的探讨。当然这些股价操纵过程中细节内容的挖掘分析，有助于我们更为深刻地揭示一般意义下的股价运动规律和内在本质。

（3）我国创业板市场属于新生事物，如果能够进一步结合相关行为金融模型对交易型操纵过程进行研究，考虑譬如微观结构噪声对被操纵股票收益的解释能力，在 CAPM 模型框架下考虑引入相应的风险因子加以完成，可能会得出新兴市场中股价出现操纵背景下的溢价特征。因此，交易型操纵模型中引入其他风险定价因子，以及在多因子定价模型基础下检验将是一个需要进一步研究和探讨的问题。

（4）在数据获取方面，由于高频数据无法获得，所以对于创业板数据更微观的交易特征发掘受限，如果利用相关的数据发掘技术对创业板的秒、分周期的交易数据进行分析研究可能会得出一些有价值的研究结论。

附录 首批上市的28家创业板公司 2011—2013年经营概况与 财务简况分析[*]

一 特锐德（300001）

青岛特锐德电气股份有限公司（证券代码：300001）是一家输配电及控制设备制造高新技术企业，公司主要从事研发、生产和销售以户外箱式电力设备为主、户内开关柜为辅的成套变配电产品，能为铁路、电力、煤炭等各行业提供变配电产品及相关技术服务。公司的主营产品为户外箱式变电站、户外箱式开关站和户内开关柜，主要为铁路、电力、煤炭等行业的用户提供高可靠的专业变配电成套设备及相关技术服务。公司自2004年成立以来一直被认定为"高新技术企业"，已经形成了具有特锐德特色的自主知识产权体系，拥有专利技术和专有技术60多项，并两次得到了科技部创新基金项目的支持。青岛特锐德电气股份有限公司成立于2004年3月16日，2009年10月成功上市，成为创业板第一股。

作为中国专业的箱式电力产品系统集成商、电力系统集成解决、方案的专家、中国专业的箱变研发生产企业，公司依靠"一步领先、步步领先"的技术创新发展战略，建立了具有特锐德特色的自主知识产权体

---

[*] 创业板即所谓的二板市场（Second-board Market）是不同于主板市场（Main-board Market）的一类证券交易市场，它又称第二股票交易市场。它为众多企业提供了融资便利，也为投资者提供了一个多元化的投资平台。它是专门为我国高新技术企业、中小企业和一些成立不久但具有发展潜力的企业提供融资途径的证券交易市场，它是对主板市场的重要补充，在资本市场具有重要的地位。通过对本书研究样本公司的财务状况分析，表明创业板市场上市的公司大多从事高科技、高技术业务，具有较高的成长性，他们成立时间较短，规模较小，业绩较好。

系。目前，公司在多个领域始终保持产品行业首创，技术水平国内外领先的优势地位，成为中国各行业电力产品技术标准的参与者和制定者。

从该公司2011年到2013年财务报表计算的财务效率参数（见表1）可以看出，流动比率等呈现不断下降趋势，从2011年末的4.4793下降到2013年末的1.9241，资产负债比率上升，公司财务风险水平逐年提高；运营状况总体平稳，应收账款周转率有改善；盈利能力呈下降态势，利润呈现明显萎缩；资产规模增长可持续，资产负债比率有待控制。

表1　　　　　　　　特锐德（300001）财务效率参数

序号	指标	参数	2013年12月31日	2012年12月31日	2011年12月31日
1	偿债能力指标	流动比率	1.9241	3.8306	4.4793
		速动比率	1.5413	3.2929	3.9664
		资产负债比率（%）	38.7813	19.5871	16.4839
		产权比率（%）	63.3482	24.3582	19.7374
2	运营能力指标	应收账款周转率	1.7522	1.2714	1.6131
		存货周转率	3.8713	3.2819	5.4561
		流动资产周转率	0.9623	0.6336	0.6199
		固定资产周转率	4.1144	2.2748	4.4354
		总资产周转率	0.7131	0.4669	0.4927
		每股现金流量增长率（%）	319.0850	176.9000	44.7000
3	盈利能力指标	营业利润率（%）	10.4253	12.8517	18.5958
		营业净利率（%）	9.4242	12.1060	16.3358
		营业毛利率（%）	29.0538	33.7446	34.0965
		成本费用利润率（%）	12.9798	16.8158	24.3803
		总资产报酬率（%）	6.6236	6.4980	9.0563
		加权净资产收益率（%）	9.5900	6.6900	9.4600
4	发展能力指标	营业收入增长率（%）	103.8238	3.4087	21.1208
		总资产增长率（%）	57.6071	7.5158	10.8603
		营业利润增长率（%）	65.3411	−28.5335	−6.0840
		净利润增长率（%）	47.2723	−23.3667	−7.1426
		净资产增长率（%）	8.4024	3.5208	6.0021

二　神州泰岳（300002）

北京神州泰岳软件股份有限公司（证券代码：300002）成立于 2001 年，是国内首批创业板上市公司之一。神州泰岳是国内领先的综合类软件产品及服务提供商，着力于用信息技术手段推动行业发展和社会进步，提升人们工作和生活品质。自公司成立以来，始终以市场为导向，深耕细作、创新拓展，形成了以"ICT 运营管理""物联网与通信技术应用""手机游戏""人工智能与大数据"为核心的相关多元化发展格局。其中，"ICT 运营管理"是通过提供软件和运营服务方式对 ICT 基础设施、业务应用和运维体系进行全面统一管理，及时发现和解决故障，规范运维、运营服务，保障 ICT 系统安全、稳定、可靠、高效地运行。经过十多年的积累，构建了齐全、丰富的产品线，长期服务于电信、金融、能源、交通等行业的大中型企业和政府机关，取得了自 2012 年起市场占有率持续排名第一的成绩。

在物联网与通信技术应用方面，公司进行了持续的战略投入，在物联网芯片、通信协议、核心算法、数据分析加工平台等方面取得了突破性进展，形成了"封闭空间和低功耗要求特殊环境下的无线通信及定位"和"全地形全天候高准确度的周界安防"两大解决方案。在手机游戏方面，公司已形成了覆盖研发、渠道、发行和投资孵化的手机游戏生态产业链，聚焦精品游戏的开发与发行。在人工智能方面，公司在智能语义分析、智能人机交互、智能机器自学习等领域形成了丰富产品并在行业中得到应用和好评。人工智能与大数据将在未来各个领域发挥作用，极具商业价值和市场前景。

从该公司 2011 年到 2013 年财务报表计算的财务效率参数（见表 2）可以看出，流动比率、速动比率取值较高，企业流动资产实力强，资产负债比率较低，公司财务风险水平整体较低；运营状况总体平稳，应收账款周转率整体平稳；盈利能力呈态势良好，营业利润率水平较高；资产规模增长可持续，净利润增长幅度较高。

表2　　　　　　　　　神州泰岳（300002）财务效率参数

序号	指标	参数	2013年12月31日	2012年12月31日	2011年12月31日
1	偿债能力指标	流动比率	4.8528	7.9076	5.5155
		速动比率	4.6279	7.5359	5.2530
		资产负债比率（%）	13.2699	8.6434	12.8592
		产权比率（%）	15.3002	9.4612	14.7568
2	运营能力指标	应收账款周转率	2.6018	2.1834	2.5146
		存货周转率	7.1281	4.8305	4.4242
		流动资产周转率	0.7911	0.6495	0.5488
		固定资产周转率	5.7499	4.2471	3.2726
		总资产周转率	0.4967	0.4152	0.3846
		每股现金流量增长率（%）	-1.1215	5.7345	-8.8710
3	盈利能力指标	营业利润率（%）	27.7399	29.0876	31.2829
		营业净利率（%）	26.9852	30.2877	30.5632
		营业毛利率（%）	57.9719	64.8328	67.4272
		成本费用利润率（%）	41.1520	44.8220	47.7089
		总资产报酬率（%）	13.5447	12.6560	11.8096
		加权净资产收益率（%）	15.3600	14.3600	13.3100
4	发展能力指标	营业收入增长率（%）	35.2571	21.7976	37.5022
		总资产增长率（%）	18.2831	7.4916	19.2815
		营业利润增长率（%）	28.9904	14.0375	1.5888
		净利润增长率（%）	20.6315	21.4716	7.7085
		净资产增长率（%）	12.3129	12.7222	11.0278

三　乐普医疗（300003）

乐普（北京）医疗器械股份有限公司（证券代码：300003）创立于1999年，简称"乐普医疗"，总部位于北京市昌平区中关村科技园区昌平园，于2009年在深交所创业板上市。主营业务覆盖医疗器械、医药、移动医疗和医疗服务四大领域，经过多年的发展，公司心血管产业领域构建的医疗健康全产业链平台已具雏形。公司自创立以来，通过研究开发和产业化工作，不断推动心血管医疗事业的快速发展。公司先后承担了国家发改委高技术产业化示范工程项目、科技部"863计划"发展项目、科技支撑计划项目等国家重大课题，组建了"国家心脏病植介入诊疗器械及设备工程技术研究中心"。依托该中心动员和应用全国产学研力量，建设国家心脏病植介入诊疗器械及设备技术创新、产业化和人才聚集的国家级平台，攻克一系列行业发展的技术和工艺，推动心脏病植介入医疗事业的快速发展。

从该公司2011年到2013年财务报表计算的财务效率参数（见表3）可以看出，流动比率、速动比率较高，反映偿债能力很强，资产负债比率较低，公司财务风险水平整体较低；运营状况总体平稳，应收账款周转率有所下滑；盈利能力呈现稳定态势，营业利润率小幅下降；资产规模增长较稳健，净利润增长稳定性有待提高。

表3　　　　　　　　　乐普医疗（300003）财务效率参数

序号	指标	参数	2013年12月31日	2012年12月31日	2011年12月31日
1	偿债能力指标	流动比率	7.9064	15.5212	18.3197
		速动比率	6.8980	14.2642	17.0209
		资产负债比率（%）	7.4744	4.7916	4.1467
		产权比率（%）	8.0782	5.0327	4.3261
2	运营能力指标	应收账款周转率	2.4428	2.8242	4.0702
		存货周转率	2.1753	1.5728	1.4581
		流动资产周转率	0.7257	0.5744	0.5668
		固定资产周转率	2.9841	3.0242	3.9580
		总资产周转率	0.4434	0.3913	0.3940
		每股现金流量增长率（%）	24.4560	−9.0073	−22.0435
3	盈利能力指标	营业利润率（%）	32.3011	45.9153	58.4251
		营业净利率（%）	28.1331	39.7007	51.4388
		营业毛利率（%）	69.0183	79.1290	82.5360
		成本费用利润率（%）	49.7482	87.8094	142.1082
		总资产报酬率（%）	13.8083	17.4471	22.2285
		加权净资产收益率（%）	13.3600	16.4200	21.8100

续表

序号	指标	参数	2013 年 12 月 31 日	2012 年 12 月 31 日	2011 年 12 月 31 日
4	发展能力指标	营业收入增长率（%）	28.2845	10.4446	19.4449
		总资产增长率（%）	13.7465	12.5825	9.7036
		营业利润增长率（%）	-9.7529	-13.2035	14.5042
		净利润增长率（%）	-10.3225	-14.7698	15.2686
		净资产增长率（%）	8.2469	11.5576	13.3201

四　南风股份（300004）

南方风机股份有限公司（证券代码：300004）系华南地区规模最大的专业从事通风与空气处理系统设计和产品研发、制造与销售的企业。业务主要面向核电、地铁、隧道、大型工业民用建筑、能源工程等领域。公司于 2009 年 10 月 30 日作为首批 28 家企业登陆深交所创业板。南方风机股份有限公司成立于 1988 年，2009 年 10 月公司作为中国创业板首批企业之一在深交所挂牌上市。公司系国内规模最大的专业从事通风与空气处理系统和不锈钢无缝管、特种合金钢管的设计、制造的企业，产品主要为通风空调系统设计、设备制造集成及服务以及不锈钢无缝管，特种合金钢管产品，业务主要面向核电、地铁、隧道、石油化工、煤化工和大型工业民用建筑等诸多领域。公司多次被国家认定为"高新技术企业"，并于 2013 年被认定为"国家火炬计划重点高新技术企业"，现拥有省级技术中心、省级工程研究中心、国家级的通风与空气处理行业检测实验室。公司是行业内首家同时获得中国核安全局颁发的核级风机和核级风阀产品的设计和制造许可证的企业，也是行业内最早获得中国核安全局颁发的核 1、2、3 级不锈钢核电用钢管产品的设计和制造许可证的企业。多年以来，公司一直坚持"自主创新，科技兴司"的发展思路，技术研发水平一直居于同行业领先地位。近年自主研发的"重型金属构件电熔精密成型技术"是一种国际首创、全新的"3D 打印"制造新技术，一定程度上将代替传统的铸锻造技术，该技术可广泛应用于核电、火电、水电、石化、冶金、船舶等行业的现代重大工业装备领域。

从该公司 2011 年到 2013 年财务报表计算的财务效率参数（见表4）可以看出，流动比率、速动比率呈现较为小幅波动，流动资产较为充裕，资产负债比率稳定，公司财务风险水平整体较低；运营状况总体平稳，应收账款周转率较为平稳；盈利能力呈较稳健态势，营业利润率呈现小幅波动特征；资产规模增长可持续，幅度较小，净利润增长持续改善。

表4　　　　　　　　南风股份（300004）财务效率参数

序号	指标	参数	2013 年12 月 31 日	2012 年12 月 31 日	2011 年12 月 31 日
1	偿债能力指标	流动比率	2.9005	4.7466	4.3970
		速动比率	2.3531	4.0893	3.8619
		资产负债比率（%）	24.6462	21.9391	23.8476
		产权比率（%）	32.7074	28.1051	31.3156
2	运营能力指标	应收账款周转率	1.0856	0.9203	1.6869
		存货周转率	1.9477	2.0363	2.7893
		流动资产周转率	0.5150	0.4218	0.5515
		固定资产周转率	4.2785	3.5829	5.3252
		总资产周转率	0.3578	0.3191	0.4353
		每股现金流量增长率（%）	24.7579	152.0000	-168.8000
3	盈利能力指标	营业利润率（%）	12.4878	13.4839	21.4235
		营业净利率（%）	11.2189	11.4282	18.1143
		营业毛利率（%）	38.1326	37.3424	36.7218
		成本费用利润率（%）	16.1555	16.4382	28.1235
		总资产报酬率（%）	4.5512	4.3856	9.0031
		加权净资产收益率（%）	5.3900	4.8600	10.4900
4	发展能力指标	营业收入增长率（%）	17.3207	-22.5873	32.5270
		总资产增长率（%）	9.2641	0.0146	11.8434
		营业利润增长率（%）	8.6533	51.2766	40.1098

续表

序号	指标	参数	2013 年 12 月 31 日	2012 年 12 月 31 日	2011 年 12 月 31 日
4	发展能力指标	净利润增长率（%）	14.0278	50.1910	31.2287
		净资产增长率（%）	3.2572	2.6516	11.0002

五　探路者（300005）

探路者控股集团股份有限公司（证券代码：300005）成立于 1999 年 1 月 11 日，公司"追求科技创新，为勇敢进取的人提供安全舒适的户外运动装备"，产品覆盖户外生活各个领域。2008 年成为"北京奥运会特许供应商"，2009 年成为"中国南（北）极考察队独家专用产品"，2009 年 10 月 30 日探路者成功登陆创业板，为探路者进一步发展壮大奠定了基础。基于以用户为核心的互联网思维，2014 年探路者公司"构建户外生态圈"的战略全新升级，目前公司业务已扩展到户外、旅行、体育三大事业群，2015 年 6 月公司正式更名为"探路者控股集团股份有限公司"。户外事业群定位为集团基石业务，以探路者、Discovery、阿肯诺等多品牌户外用品业务为主，致力于为户外活动提供安全舒适的户外装备。旅行事业群将是用户流量的入口，定位于"基于服务者来展开的旅行服务"，旗下拥有易游天下、绿野、极之美、探路者户外文化传播公司等多家企业，规划中的重点项目还包括露营滑雪多功能体验中心、装备规划师、户外安全救援体系等。体育事业群关注体育社区、体育赛事、体育传媒、体育培训、智能健身管理等领域，通过专业运动服务促进全民健身落地，是集团未来利润的重要增长点。

从该公司 2011 年到 2013 年财务报表计算的财务效率参数（见表 5）可以看出，流动比率等指标呈现较为小幅波动，资产负债比率变化不大，公司财务风险水平整体较低；运营状况总体平稳，应收账款周转率有待改善；盈利能力呈平稳态势，营业利润率维持在 18% 左右；资产规模增长可持续，净利润增长态势良好。

表 5　　　　　　　　　　　　探路者（300005）财务效率参数

序号	指标	参数	2013 年 12 月 31 日	2012 年 12 月 31 日	2011 年 12 月 31 日
1	偿债能力指标	流动比率	2.6486	2.8911	2.4090
		速动比率	1.9850	2.3084	1.6658
		资产负债比率（%）	29.4846	25.8480	28.3230
		产权比率（%）	41.8130	34.8580	39.5147
2	运营能力指标	应收账款周转率	25.2382	40.7120	73.0679
		存货周转率	3.1748	3.1756	2.9605
		流动资产周转率	1.4636	1.5921	1.4144
		固定资产周转率	1.1222	1.1445	1.0243
		总资产周转率	0.3578	0.3191	0.4353
		每股现金流量增长率（%）	-19.4004	31.8775	-23.3175
3	盈利能力指标	营业利润率（%）	18.5050	17.4533	16.3829
		营业净利率（%）	16.7044	15.2238	14.2167
		营业毛利率（%）	50.0203	50.9404	47.5288
		成本费用利润率（%）	24.8892	22.0339	20.6167
		总资产报酬率（%）	18.9318	17.9831	14.7465
		加权净资产收益率（%）	27.3100	24.1500	19.4800
4	发展能力指标	营业收入增长率（%）	30.7379	46.6798	73.6416
		总资产增长率（%）	37.1904	28.5072	35.0182
		营业利润增长率（%）	38.6157	56.2641	89.9318
		净利润增长率（%）	47.4813	57.4421	98.8142
		净资产增长率（%）	29.1983	32.1851	21.5049

六　莱美药业（300006）

重庆莱美药业股份有限公司（证券代码：300006）是由重庆莱美药业有限公司整体变更并以发起设立方式成立的股份有限公司。重庆莱美药业股份有限公司是一家以研发、生产和销售喹诺酮类抗感染药、抗肿瘤药、肠外营养药为主的科技型医药企业，公司产品主要涵盖抗感染类和特色专科用药两大系列，主要产品有喹诺酮类抗感染药、抗肿瘤药、肠外营养药等。以注射剂为主，拥有各类制剂产品40种，有28种被列入国家《医保目录》。注册商标"莱美"被认定为"重庆市著名商标"。在全国6000余家医药生产、研发单位中，获得的药品注册批件数量排第27名。公司经营管理团队历来重视科技创新，建成有重庆市市级企业技术中心。本公司是高新技术企业，2007年被评为首届"重庆市高新技术企业创新十强""重庆市市级企业技术中心"。公司目前拥有19个新药证书，10项国家发明专利，另有14项国家发明专利申请已被受理。自公司成立以来，先后有十余个产品被认定为"重庆市高新技术产品""重庆市重点新产品""重庆市知名产品""重庆市名牌产品"等。

从该公司2011年到2013年财务报表计算的财务效率参数（见表6）可以看出，流动比率低于2、速动比率也低于1，略显不足，资产流动性偏弱，资产负债比率变化区间较合理，公司财务风险水平整体较低；运营状况总体平稳，应收账款周转率较为稳定；盈利能力呈平稳态势，盈利水平有待提高；资产规模增长较稳定，净利润增长有待改善。

表6　　　　　莱美药业（300006）财务效率参数

序号	指标	参数	2013年12月31日	2012年12月31日	2011年12月31日
1	偿债能力指标	流动比率	0.9643	0.9137	1.1723
		速动比率	0.7854	0.6973	0.8338
		资产负债比率（%）	48.4125	50.0950	38.9287
		产权比率（%）	93.8455	100.3807	63.7430
2	运营能力指标	应收账款周转率	4.9222	4.8995	5.0302
		存货周转率	2.9548	2.6569	2.6393
		流动资产周转率	0.9835	1.1464	1.1138
		固定资产周转率	2.0237	2.1914	3.3304
		总资产周转率	0.4210	0.5042	0.5436
		每股现金流量增长率（%）	272.4346	53.3951	-84.1951

续表

序号	指标	参数	2013 年 12 月 31 日	2012 年 12 月 31 日	2011 年 12 月 31 日
3	盈利能力 指标	营业利润率（%）	6.5642	8.4660	12.3647
		营业净利率（%）	8.3192	8.7307	13.9767
		营业毛利率（%）	37.9959	39.9478	37.4231
		成本费用利润率（%）	10.6234	11.0069	18.6777
		总资产报酬率（%）	3.4388	4.4447	8.0435
		加权净资产收益率（%）	7.7700	8.3700	12.3500
4	发展能力 指标	营业收入增长率（%）	20.2161	18.2303	41.4265
		总资产增长率（%）	53.2699	31.7058	22.2820
		营业利润增长率（%）	− 6.7888	− 19.0492	38.8996
		净利润增长率（%）	13.2120	− 26.5128	66.6122
		净资产增长率（%）	66.4391	5.6715	11.5382

七　汉威电子（300007）

汉威科技集团股份有限公司（证券代码：300007）是一家值得信赖的创新型科技公司，国内最大的气体传感器及仪表制造商，创业板首批上市公司，致力于创造安全、环保、健康、智慧的工作、生活环境。汉威科技集团围绕物联网产业，将感知传感器、智能终端、通信技术、云计算和地理信息等物联网技术紧密结合，打造汉威云，建立完整的物联网产业链，结合环保治理、节能技术，以客户价值为导向，为智慧城市、安全生产、环境保护、民生健康提供完善的解决方案。汉威科技集团坚持"聚焦专业细分市场"的发展战略，产品和系统解决方案已应用于全球近百个国家，建立了以传感器为核心，覆盖多门类检测仪表及行业物联网应用的整体布局；应用行业分布广泛，涵盖石油、化工、冶金、环保等领域，用于防火防爆、环境检测、预防中毒、污染监测、环境治理、改善人居环境，为行业客户 HSE 管理体系的建立、工业、民用和个人安全防护提供适合、优质、高性价比的产品与方案。为环境检测与治理，健康家居生活、提供完善的解决方案和服务。公司围绕在北京、上海、广州等三十余个城市设立客户服务中心或分子公司，构建全面的网格化客户服务网络，为及时向客户提供技术领先、满足个性化需求的产品解决方案奠定了良好的基础。

从该公司 2011 年到 2013 年财务报表计算的财务效率参数（见表7）可以看出，流动比率、速动比率取值基本正常，但是呈现下滑趋势，资产流动性较稳健，资产负债比率较低，公司财务风险水平整体较低；运营状况总体平稳，应收账款周转率有待改进定；盈利能力呈下降态势，盈利水平有待提高；资产规模增长较稳定，净利润在 2012 年、2013 年呈现负增长，有待改善。

表7　　　　　　　　汉威电子（300007）财务效率参数

序号	指标	参数	2013 年12 月 31 日	2012 年12 月 31 日	2011 年12 月 31 日
1	偿债能力指标	流动比率	1.9422	4.8552	4.5458
		速动比率	1.6640	4.0953	4.0158
		资产负债比率（%）	26.7883	12.6114	15.6378
		产权比率（%）	36.5901	14.4313	18.5365
2	运营能力指标	应收账款周转率	2.5422	2.3552	3.2836
		存货周转率	2.0803	2.0066	2.5207
		流动资产周转率	0.6572	0.5746	0.5434
		固定资产周转率	1.6048	3.3405	3.6754
		总资产周转率	0.3624	0.3696	0.3696
		每股现金流量增长率（%）	206.1224	0.3696	-21.5769
3	盈利能力指标	营业利润率（%）	9.6484	12.2215	22.5399
		营业净利率（%）	15.8542	19.5572	25.5625
		营业毛利率（%）	52.6687	52.6496	55.1733
		成本费用利润率（%）	20.4105	24.5040	39.1275
		总资产报酬率（%）	5.8594	7.6592	11.1368
		加权净资产收益率（%）	6.3600	8.0400	11.8300

续表

序号	指标	参数	2013 年 12 月 31 日	2012 年 12 月 31 日	2011 年 12 月 31 日
4	发展能力指标	营业收入增长率（%）	14.3600	1.2171	50.2225
		总资产增长率（%）	27.1077	5.5495	17.3102
		营业利润增长率（%）	− 9.7167	− 45.1185	49.7215
		净利润增长率（%）	− 15.9895	− 26.7659	52.7283
		净资产增长率（%）	5.6441	6.2575	10.1647

八 上海佳豪（300008）

上海佳豪船舶工程设计股份有限公司（证券代码：300008），成立于 2001 年 10 月 29 日，2009 年在深圳证券交易所上市，是上海市第一家创业板上市公司，也是船舶科技类首家 A 股上市公司，专业从事船舶与海洋工程研发设计、船舶与海洋工程监理和技术咨询、船舶及船舶内装工程承包、游艇设计与制造等业务，业务品种涵盖各类民用运输船、客船和公务船、海洋工程船、海洋工程结构物等，是国内一流的专业民用船舶与海洋工程科技企业。2014 年，公司收购了上海沃金天然气利用公司，致力于构建水陆一体的天然气增值服务链。2016 年，公司收购了金海运船用设备公司，开始了在海洋和防务特种装备研发制造领域的业务拓展。军民融合和清洁能源应用已经成为公司转型发展的两大驱动力。2016 年 5 月，公司更名为天海融合防务装备技术股份有限公司。

从该公司 2011 年到 2013 年财务报表计算的财务效率参数（见表 8）可以看出，流动比率、速动比率较为稳健，资产流动性较充裕，资产负债比率较低，公司财务风险水平整体较低；运营状况总体平稳，应收账款周转率呈下降趋势，总资产周转率有待改善；盈利能力呈下降态势，盈利水平有待提高；资产规模呈现负增长态势，净利润增长下滑态势明显，有待改善。

表8 上海佳豪（300008）财务效率参数

序号	指标	参数	2013 年 12 月 31 日	2012 年 12 月 31 日	2011 年 12 月 31 日
1	偿债能力指标	流动比率	4.1874	4.1242	4.1123
		速动比率	3.5070	3.6340	3.7708
		资产负债比率（%）	16.4177	16.7224	17.6920
		产权比率（%）	19.6425	20.0803	21.4948
2	运营能力指标	应收账款周转率	3.6533	3.8579	12.8522
		存货周转率	2.7345	3.9518	4.564
		流动资产周转率	0.5525	0.5751	0.6906
		固定资产周转率	1.4770	2.0039	3.0237
		总资产周转率	0.3661	0.4031	0.5289
		每股现金流量增长率（%）	325.9000	-149.6000	-106.2642
3	盈利能力指标	营业利润率（%）	2.5087	8.0283	25.4444
		营业净利率（%）	2.9749	6.7811	22.4953
		营业毛利率（%）	30.6327	31.2838	37.2945
		成本费用利润率（%）	5.9008	10.9636	36.9194
		总资产报酬率（%）	2.1350	4.0193	13.5003
		加权净资产收益率（%）	2.3000	4.5600	15.3500
4	发展能力指标	营业收入增长率（%）	-11.1056	-19.5859	57.3907
		总资产增长率（%）	-1.3761	-2.8447	15.1432
		营业利润增长率（%）	-72.2224	-74.6275	19.4177
		净利润增长率（%）	-49.9131	-68.7924	21.4077
		净资产增长率（%）	-1.0409	-0.5206	8.9744

九　安科生物（300009）

安徽安科生物工程（集团）股份有限公司（证券代码：300009）是国家创新型试点企业，国家火炬计划重点高新技术企业，国家"863"计划成果产业化基地，首批创业板上市公司。安科生物是国内最早从事基因工程药物研究、开发和生产的高新技术产业，在工业化动物细胞生物制药技术、长效化蛋白质药物开发技术、透皮制剂技术方面具有领先实力，拥有发明专利 30 多项，非专利技术 5 项。公司先后承担了国家"863"计划、国家科技攻关计划、国家重点火炬计划、国家重大新药创制及省级科技攻关项目数十项。公司主导产品重组人干扰素（安达芬）系列制剂、重组人生长激素（安苏萌）、抗精子抗体检测（MAR 法）试剂盒（安思宝）均由公司自主研发，拥有自主知识产权，国内市场占有率排名均在前五名以内，同时出口十多个国家和地区，曾多次中标国外政府采购。

公司以创建国内一流的生物医药企业为总目标，制定了以生物医药为主轴，以中西药物和精准医疗为两翼"一主两翼"协同发展的横向一体化战略，目前正在逐步落实精准医疗的发展战略，形成从基因检测、靶向抗肿瘤药物开发、细胞免疫治疗技术等一系列精准医疗全产业链布局，朝着"百亿安科、百年安科"的宏伟目标不断迈进。

从该公司 2011 年到 2013 年财务报表计算的财务效率参数（见表9）可以看出，流动比率、速动比率稳健，资产流动性较充裕，资产负债比率较低，公司财务风险水平整体较低；运营状况总体平稳，应收账款周转率较为稳定，总资产周转率有所改善；盈利能力呈稳定态势，盈利水平较为平稳；资产规模呈现净增长态势，净利润增长为两位数，较为稳健。

表9　　　　　　　　安科生物（300009）财务效率参数

序号	指标	参数	2013 年 12 月 31 日	2012 年 12 月 31 日	2011 年 12 月 31 日
1	偿债能力指标	流动比率	5.0080	5.3627	7.1254
		速动比率	4.6790	5.0218	6.8292
		资产负债比率（%）	11.8979	11.1658	9.9011
		产权比率（%）	13.5046	12.5693	10.9891
2	运营能力指标	应收账款周转率	6.4921	6.3335	6.0666
		存货周转率	4.3955	4.4188	4.3889
		流动资产周转率	1.0457	0.8465	0.6236
		固定资产周转率	1.8658	2.1947	2.3093

序号	指标	参数	2013 年 12 月 31 日	2012 年 12 月 31 日	2011 年 12 月 31 日
2	运营能力指标	总资产周转率	0.6136	0.5379	0.4491
		每股现金流量增长率（%）	− 22.7608	649.2105	− 87.8865
3	盈利能力指标	营业利润率（%）	23.4805	22.3832	25.8500
		营业净利率（%）	20.8832	21.8812	23.2837
		营业毛利率（%）	72.7989	72.7790	70.6579
		成本费用利润率（%）	32.2556	32.7658	34.9300
		总资产报酬率（%）	14.1207	13.1544	12.2121
		加权净资产收益率（%）	14.7300	13.3077	12.0500
4	发展能力指标	营业收入增长率（%）	27.3439	26.1363	17.5433
		总资产增长率（%）	14.8371	8.1640	2.3920
		营业利润增长率（%）	33.5872	9.2197	37.7596
		净利润增长率（%）	21.5361	16.7752	21.8126
		净资产增长率（%）	13.8908	6.6458	4.6749

十　立思辰（300010）

立思辰科技股份有限公司（证券代码：300010），创立于 1999 年 1 月 8 日，总部位于北京，并在上海、广州、成都、沈阳、南京等 20 余个城市设立了分、子公司。2009 年 10 月，立思辰成为创业板首批上市企业之一。目前公司已经发展形成两大产业集团：教育集团与信息安全科技集团，与多家国内外知名企业签署了战略合作关系。

立思辰教育集团的服务，共计覆盖 27 省、8000 余所学校、10 万余名教师、2000 万余名学生。立思辰的企业客户涉及教育部门、教育机构、政府部门和国防军工等多个领域。公司的经营宗旨是：秉承"专业、诚信、学习、创新"的企业精神，以高效、健康、节约、环保为出发点，以整合、设计、运营为核心，坚持"绿色办公"服务理念，顺应建设节约型社会及环境保护的趋势，充分发挥公司在商业模式、管理、人才、技术、行业经验等方面的优势，迅速成为中国办公信息系统行业的领导者。

从该公司 2011 年到 2013 年财务报表计算的财务效率参数（见表10）可以看出，流动比率、速动比率稳健，资产流动性较稳健，资产负债比率较合理，公司财务风险水平整体可控；运营状况总体平稳，应收账款周转率略有下降，总资产周转率较为稳定；盈利能力呈稳定态势，盈利水平较为平稳；资产规模呈现净增长态势，净利润增长波动较大，盈利水平有待稳定。

表 10　　　　　　　立思辰（300010）财务效率参数

序号	指标	参数	2013 年 12 月 31 日	2012 年 12 月 31 日	2011 年 12 月 31 日
1	偿债能力指标	流动比率	1.9267	2.6921	2.9778
		速动比率	1.6115	2.3312	2.5488
		资产负债比率（％）	28.9958	22.3655	24.1509
		产权比率（％）	40.8368	28.8088	31.8407
2	运营能力指标	应收账款周转率	1.9597	2.1907	2.8591
		存货周转率	3.7112	3.7175	4.0877
		流动资产周转率	0.9359	0.7988	0.8089
		固定资产周转率	5.6603	5.1059	5.1696
		总资产周转率	0.5385	0.5245	0.6092
		每股现金流量增长率（％）	29.6358	16.4899	157.6000
3	盈利能力指标	营业利润率（％）	11.9127	6.2537	15.9817
		营业净利率（％）	11.8048	9.9726	15.0827
		营业毛利率（％）	40.8306	35.2483	38.7434
		成本费用利润率（％）	16.3046	10.7732	21.3739
		总资产报酬率（％）	7.0509	4.8578	10.4097
		加权净资产收益率（％）	7.8000	6.1200	11.4800
4	发展能力指标	营业收入增长率（％）	18.2151	-3.3896	20.3600
		总资产增长率（％）	15.2679	14.9919	9.2001
		营业利润增长率（％）	125.1894	-62.1962	28.8596
		净利润增长率（％）	34.1441	-37.9948	23.9395
		净资产增长率（％）	4.8077	17.5360	6.2521

十一　鼎汉技术（300011）

北京鼎汉技术股份有限公司（证券代码：300011）成立于2002年6月，是一家从事轨道交通高端装备研发、生产、销售和服务的高新技术企业。2009年10月30日，公司在深交所创业板上市，成为第一批创业板上市企业。公司扎根轨道交通行业，以技术为根基，聚焦轨道交通的专业装备及综合方案的生产和提供。通过可靠的产品、专业的服务、创新的技术，向客户提供体验一流的解决方案，与客户建立长期的合作关系，为客户创造价值。目前公司主要产品分为轨道交通车辆设备和轨道交通地面设备两大类，八大细分业务板块。轨道交通车辆设备包括：车辆电源、车辆空调、车辆线缆、车载检测系统；轨道交通地面设备包括：地面电源、屏蔽门/站台门系统、地铁制动管理系统、货运/客运信息化系统。同时，公司也根据客户需求提供其他配套产品及服务。2002年公司成立，通过技术领先创新的创业阶段鼎汉聚焦于中国铁路通信信号领域，专注于电力电子技术的积累，设计了中国第一套高铁标准智能信号电源系统，逐步成为铁路信号领域的市场排名第一的供应商。业务范围覆盖地面电源、屏蔽门、制动储能、车辆辅助电源、车辆检测、车辆特种电缆、车辆空调、智能化信息化软件服务等业务服务能力的综合供应商，也成为轨道交通行业内最具多元化解决方案的领军企业之一。

从该公司2011年到2013年财务报表计算的财务效率参数（见表11）可以看出，流动比率、速动比率较高，资产流动性稳健，资产负债比率较低，公司财务风险水平较低；运营状况总体平稳，应收账款周转率呈稳定态势，总资产周转率呈改善态势；盈利能力呈稳定态势，盈利水平较为平稳；资产规模呈现净增长态势，有波动，净利润增长波动较大。

表 11 鼎汉技术（300011）财务效率参数

序号	指标	参数	2013 年12 月 31 日	2012 年12 月 31 日	2011 年12 月 31 日
1	偿债能力指标	流动比率	4.1683	6.6560	10.5926
		速动比率	3.8748	6.1629	10.1242
		资产负债比率（%）	18.4642	11.8014	7.9474
		产权比率（%）	22.6455	13.3804	8.6336
2	运营能力指标	应收账款周转率	1.3999	1.0019	1.5120
		存货周转率	5.6097	4.4349	3.9277
		流动资产周转率	0.6663	0.4015	0.4339
		固定资产周转率	4.4064	2.6497	3.0173
		总资产周转率	0.5091	0.3237	0.3683
		每股现金流量增长率（%）	127.9000	57.1000	-6500.0000
3	盈利能力指标	营业利润率（%）	13.2838	2.8522	20.7544
		营业净利率（%）	12.5891	3.8572	22.7709
		营业毛利率（%）	39.2820	35.8405	46.8434
		成本费用利润率（%）	17.3033	5.6230	31.3081
		总资产报酬率（%）	6.9196	1.7355	8.6183
		加权净资产收益率（%）	7.5800	1.6100	9.5300
4	发展能力指标	营业收入增长率（%）	65.8923	-11.8574	4.6041
		总资产增长率（%）	16.3893	-4.9219	5.8159
		营业利润增长率（%）	672.6343	-87.8870	-7.2116
		净利润增长率（%）	376.3823	-83.1036	1.9659
		净资产增长率（%）	7.8043	-8.7469	15.8776

十二 华测检验（300012）

华测检验认证集团股份有限公司（证券代码：300012）作为中国第三方检测与认证服务的开拓者和领先者，是一家集检测、校准、检验、认证及技术服务为一体的综合性第三方机构，在全球范围内为企业提供一站式解决方案。公司成立于 2003 年，总部位于深圳，在全国设立了六十多个分支机构，拥有化学、生物、物理、机械、电磁等领域的近130个实验室,并在美国、英国、新加坡等地设立了海外办事机构。2009年10月30日在创业板上市,是国内检测行业首家上市公司。基于遍布全球的服务网络和深厚的服务能力,公司每年可出具约150万份具有公信力的检测认证报告,服务客户9万家,其中世界五百强客户逾百家。集团及各分子公司在各领域可为客户提供检测、检验、认证、审核、培训、鉴定、咨询等服务。公司是中国合格评定认可委员会(CNAS)认可的实验室和中国质量认证中心(CQC)的合作实验室,同时通过了计量认证(CMA),完全具备出具第三方检测报告的资质。除了通过国内的认可以外,CTI还通过了英国UKAS、美国ANSI、美国"能源之星"、新加坡SPRING等机构的认可,是美国消费者委员会(CPSC)、加拿大IC、墨西哥NYCE、挪威NEMKO、德国TUV等国际权威机构授权合作的实验室,检测报告具有国际公信力。

从该公司2011年到2013年财务报表计算的财务效率参数(见表12)可以看出,流动比率、速动比率较高,资产流动性稳健,资产负债比率较低,公司财务风险水平较低;运营状况总体平稳,应收账款周转率呈稳定态势,总资产周转率呈稳定态势;盈利能力较好,盈利水平较为平稳;资产规模三年呈现加速增长态势,净利润增长幅度高。

表12　　　　　　　　　华测检验(300012)财务效率参数

序号	指标	参数	2013年12月31日	2012年12月31日	2011年12月31日
1	偿债能力指标	流动比率	4.8806	6.6330	9.9396
		速动比率	4.8806	6.6330	9.9396
		资产负债比率(%)	14.3946	10.7086	7.1070
		产权比率(%)	16.8151	11.9929	7.6507
2	运营能力指标	应收账款周转率	13.7179	17.3254	22.6172
		存货周转率	——	——	——
		流动资产周转率	1.2990	1.0737	0.8593
		固定资产周转率	2.8013	3.0509	3.7219

续表

序号	指标	参数	2013 年 12 月 31 日	2012 年 12 月 31 日	2011 年 12 月 31 日
2	运营能力指标	总资产周转率	0.7362	0.6812	0.6164
		每股现金流量增长率（%）	−25.3541	17.6133	−1.0270
3	盈利能力指标	营业利润率（%）	21.8715	20.7095	21.3503
		营业净利率（%）	19.6306	19.2324	19.3547
		营业毛利率（%）	62.3367	64.8204	65.8597
		成本费用利润率（%）	30.5139	29.3218	30.0382
		总资产报酬率（%）	15.9637	14.8656	13.8951
		加权净资产收益率（%）	16.5000	14.5400	12.8300
4	发展能力指标	营业收入增长率（%）	26.0487	23.0219	40.8059
		总资产增长率（%）	20.1431	12.6802	9.8341
		营业利润增长率（%）	33.1207	19.3299	39.8443
		净利润增长率（%）	27.0921	22.8688	39.4891
		净资产增长率（%）	14.8139	8.3126	8.0693

十三　新宁物流（300013）

江苏新宁现代物流股份有限公司（证券代码：300013），前身是昆山新宁公共保税仓储有限公司，公司始建于 1997 年，2000 年 4 月经海关总署批准为公共型保税仓库，主要从事电子元器件保税仓储服务，为电子信息产业供应链中的原料供应、采购与生产环节提供第三方综合物流服务。公司自行设计开发的"新宁物流营运信息管理系统软件V1.00"（软著登字第 084857 号）于 2007 年 12 月获得国家版权局颁发的著作权证书。2007 年底，新宁现代物流改制前的昆山新宁公共保税仓储有限公司和苏州新宁公共保税仓储有限公司被省科技厅批准为"江苏省高新技术企业"，苏州新宁物流有限公司被批准为"苏州市高新技术企业"，此外，昆山新宁公共保税仓储有限公司还荣获 2007 年度中国"民营科技发展贡献奖"。从 2004 年起，公司一直位列中国进出口 200强企业，在中国保税仓储物流行业有着良好的发展态势，取得了骄人的业绩。

从该公司 2011 年到 2013 年财务报表计算的财务效率参数（见表 13）可以看出，流动比率、速动比率较高，资产流动性稳健，资产负债比率较合理，公司财务风险可控；运营状况总体平稳，应收账款周转率呈稳定态势，总资产周转率呈稳定改善态势；盈利能力偏低，盈利水平有待提高；资产规模三年呈现加速增长态势，净利润增长偏弱，有待改善。

表 13 　　　　　　　　新宁物流（300013）财务效率参数

序号	指标	参数	2013 年 12 月 31 日	2012 年 12 月 31 日	2011 年 12 月 31 日
1	偿债能力指标	流动比率	1.7772	2.5759	3.2860
		速动比率	1.7754	2.5698	3.2796
		资产负债比率（%）	33.2112	26.0502	19.8907
		产权比率（%）	49.7256	35.2268	24.8295
2	运营能力指标	应收账款周转率	4.3908	4.5385	4.5660
		存货周转率	473.4310	313.6251	442.3838
		流动资产周转率	1.1634	1.0883	0.9788
		固定资产周转率	2.9608	2.7754	3.0914
		总资产周转率	0.7260	0.7193	0.6868
		每股现金流量增长率（%）	−21.3124	4.1045	248.4000
3	盈利能力指标	营业利润率（%）	3.1800	5.0407	3.7962
		营业净利率（%）	1.7969	3.2691	3.1694
		营业毛利率（%）	31.5622	37.7594	37.3467
		成本费用利润率（%）	4.7049	6.6239	4.8782
		总资产报酬率（%）	3.1378	4.2871	3.1458
		加权净资产收益率（%）	1.4700	2.8400	3.3700
4	发展能力指标	营业收入增长率（%）	13.0193	13.0463	17.1129
		总资产增长率（%）	12.9753	10.8455	4.7398
		营业利润增长率（%）	−28.6991	50.1040	−38.6091
		净利润增长率（%）	−47.4393	3.2194	−46.5696
		净资产增长率（%）	0.9753	2.5114	1.3911

十四　亿纬锂能（300014）

惠州亿纬锂能股份有限公司（证券代码：300014）成立于 2001 年，是具有国际先进技术水平的绿色高能锂电池全球主要供应商之一，以技术领先的高能锂一次电池为主导产品，致力于成为环保高能新型锂能源领域的领先企业。2009 年以来，荣获"广东省科学技术一等奖"，相继被认定为省级企业技术中心、国家火炬计划重点高新技术企业。亿纬锂能始终坚持科技创新，由高素质博士专家团队主持研发制造，拥有有关电池配方、结构、制造的系列专利和专有技术，构筑起了完整的自主知识产权体系。公司所有产品均被国家有关部门认定为"高新技术产品"和"自主创新产品"。亿纬锂能坚持以市场为导向，以满足顾客需求为己任，凭借优良、创新的产品和快速、贴心的服务，获得了广大客户的信赖，产品广泛应用于全球智能表计、汽车电子、安防、数据、通信和智能交通等领域。

从该公司 2011 年到 2013 年财务报表计算的财务效率参数（见表14）可以看出，流动比率、速动比率较高，资产流动性稳健，资产负债比率较合理，公司财务风险可控；运营状况总体平稳，应收账款周转率呈稳定态势，总资产周转率呈稳定改善态势；盈利能力较强，盈利水平较为稳定；资产规模三年呈现稳定加速增长态势，净利润增长速度较快。

表 14　　　　　　　**亿纬锂能（300014）财务效率参数**

序号	指标	参数	2013 年 12 月 31 日	2012 年 12 月 31 日	2011 年 12 月 31 日
1	偿债能力指标	流动比率	2.4498	4.1695	3.9687
		速动比率	1.9218	3.3100	3.2246
		资产负债比率（%）	29.4663	17.8193	19.9224
		产权比率（%）	41.7762	21.6831	24.8789

续表

序号	指标	参数	2013 年 12 月 31 日	2012 年 12 月 31 日	2011 年 12 月 31 日
2	运营能力指标	应收账款周转率	3.5345	2.6069	3.0150
		存货周转率	4.8987	4.0306	4.1083
		流动资产周转率	1.4553	1.1227	0.9767
		固定资产周转率	4.3360	3.9904	6.0643
		总资产周转率	0.9595	0.7111	0.6367
		每股现金流量增长率（%）	785.6255	−8.0714	−60.0000
3	盈利能力指标	营业利润率（%）	17.4157	17.2462	19.8501
		营业净利率（%）	15.4432	16.2072	17.9760
		营业毛利率（%）	28.6966	29.2001	30.7885
		成本费用利润率（%）	21.4767	23.1818	26.8779
		总资产报酬率（%）	14.4803	12.9251	12.5180
		加权净资产收益率（%）	19.9800	14.3200	13.9500
4	发展能力指标	营业收入增长率（%）	71.4355	27.0078	56.2191
		总资产增长率（%）	41.8153	10.7115	17.2385
		营业利润增长率（%）	73.1200	10.3470	50.8327
		净利润增长率（%）	63.4826	14.6155	51.5114
		净资产增长率（%）	21.1605	13.1566	11.3409

十五　爱尔眼科（300015）

爱尔眼科医院集团（证券代码：300015）是全球规模领先的眼科医疗连锁机构，截至 2017 年 9 月，已在中国大陆 30 个省份建立了 190 余家专业眼科医院，覆盖全国医保人口超过 70%，年门诊量超过 400 万人。在美国、欧洲和中国香港开设有 80 余家眼科医院。爱尔眼科致力于引进和吸收国际同步的眼科技术与医疗管理理念，以专业化、规模化、科学化为发展战略，推动中国眼科医疗事业的发展。通过不断的探索与实践，并充分吸纳国际先进的医疗管理经验，成功探索出一套适应中国国情和市场环境的眼科医院连锁经营管理模式——"分级连锁"。利用人才、技术和管理等方面的优势，通过全国各连锁医院良好的诊疗质量、优质的医疗服务和专业的市场推广，使爱尔眼科成为全国各地眼科患者信赖的眼科医院。爱尔眼科的发展壮大，始终以"使所有人，无论贫穷富裕，都享有眼健康的权利"为使命，追求社会责任和自身发展的和谐统一，通过开创性的"交叉补贴"模式，一方面为患者提供更高品质的眼科医疗服务，同时全面开展防盲治盲工作、投身社会公益和帮助弱势群体，并联合社会各界，推动整个中国防盲事业的全面发展。随着中国医疗卫生体制改革的进一步推进，爱尔眼科顺应国家医疗卫生政策和发展趋势，于 2014 年在医疗行业推出"合伙人计划"，致力于改变眼科医生执业的生态环境，最大限度地激发核心骨干的创造力和能动性，为更多的人提供高质量、多层次的眼科医疗服务。

从该公司 2011 年到 2013 年财务报表计算的财务效率参数（见表15）可以看出，流动比率、速动比率较高，资产流动性稳健，资产负债比率较低，公司财务风险水平较低；运营状况总体平稳，应收账款周转率略有下滑，总资产周转率逐年小幅改善；盈利能力较好，盈利水平较稳定；资产规模呈净增长，净利润增长幅度较高。

表 15　　　　　　　　爱尔眼科（300015）财务效率参数

序号	指标	参数	2013 年 12 月 31 日	2012 年 12 月 31 日	2011 年 12 月 31 日
1	偿债能力指标	流动比率	2.6877	2.4595	3.5987
		速动比率	2.3797	2.1944	3.2761
		资产负债比率（%）	17.9367	18.7028	17.9202
		产权比率（%）	21.8571	23.0054	21.8327
2	运营能力指标	应收账款周转率	20.4672	24.2472	31.5175
		存货周转率	10.1578	10.4216	9.3483
		流动资产周转率	2.0919	1.8706	1.4158
		固定资产周转率	3.4645	3.0275	2.9217
		总资产周转率	0.9806	0.8983	0.7861
		每股现金流量增长率（%）	35.0035	17.7500	-33.3333

序号	指标	参数	2013 年 12 月 31 日	2012 年 12 月 31 日	2011 年 12 月 31 日
3	盈利能力 指标	营业利润率（%）	16.1421	15.3893	18.4854
		营业净利率（%）	11.0488	11.1010	13.1001
		营业毛利率（%）	45.8945	44.9739	55.3322
		成本费用利润率（%）	18.4809	17.8095	22.5735
		总资产报酬率（%）	14.3899	12.7687	13.9306
		加权净资产收益率（%）	14.0200	12.8000	13.2000
4	发展能力 指标	营业收入增长率（%）	21.0250	25.1411	51.5387
		总资产增长率（%）	9.7948	12.0787	6.7592
		营业利润增长率（%）	26.9446	4.1815	41.7033
		净利润增长率（%）	22.4319	6.1765	42.9042
		净资产增长率（%）	11.1405	9.6106	7.0940

十六　北陆药业（300016）

北京北陆药业股份有限公司（证券代码：300016）成立于 1992 年 9 月，主要从事医药产品的研发、生产及销售。作为国家高新技术企业，北陆药业一直致力于全民健康事业的发展，坚持科技创新，为国家创造财富，为社会做出贡献，让企业得到发展。公司秉承"细分市场、最大份额"的经营理念，明确业务发展方向。目前主要产品为对比剂系列、精神神经类和降糖类产品。作为国内最早研制并首家推出对比剂产品的企业，通过技术创新、工艺改进等手段，为市场提供了优质、安全、价格合理的系列产品，为对比剂产品在国内临床应用与发展起到了推动作用。公司产品在该领域形成了独有的核心竞争优势，拥有较高的知名度和市场影响力，产品覆盖全国各省、市、县级以上医院。

公司倡导创新、严谨的工作作风，连续多年被评为纳税信用 A 级企业，获得国家发明专利、国家级新产品证书、北京市科技进步奖等荣誉；主要产品分别被列入国家火炬计划、北京市火炬计划、北京市重大产业化项目等，获得各级财政支持。2009 年 10 月 30 日，公司作为首批 28 家企业之一正式在深交所创业板上市,迈上一个新的发展平台。未来,公司将通过技术创新、管理创新和专业的学术推广,全面提升公司新药研发能力、生产能力、运营效率、市场占有率和盈利能力,不断巩固和提高公司核心竞争力,努力打造企业品牌。

从该公司 2011 年到 2013 年财务报表计算的财务效率参数(见表16)可以看出,流动比率、速动比率很高,资产流动性充裕,资产负债比率较低,公司财务风险水平较低;运营状况总体平稳,应收账款周转率呈稳定态势,总资产周转率呈改善态势;盈利能力较好,盈利水平较为平稳;资产规模三年呈现稳定增长态势,净利润增长率有波动,较稳健。

表 16　　　　　　北陆药业（300016）财务效率参数

序号	指标	参数	2013 年 12 月 31 日	2012 年 12 月 31 日	2011 年 12 月 31 日
1	偿债能力指标	流动比率	14.4312	15.2044	21.9696
		速动比率	12.4683	12.8161	20.7075
		资产负债比率（%）	9.8561	10.2190	6.3253
		产权比率（%）	10.9337	11.3821	6.7524
2	运营能力指标	应收账款周转率	4.0489	4.8407	4.3886
		存货周转率	1.5877	1.6225	2.1527
		流动资产周转率	0.8113	0.6696	0.4922
		固定资产周转率	3.2612	4.4940	3.2358
		总资产周转率	0.5508	0.4944	0.3935
		每股现金流量增长率（%）	81.0160	−75.0667	−18.9189
3	盈利能力指标	营业利润率（%）	23.7037	26.3755	24.3747
		营业净利率（%）	19.8940	23.0086	22.4765
		营业毛利率（%）	71.3556	74.2238	74.6582
		成本费用利润率（%）	31.1797	37.6330	36.1195
		总资产报酬率（%）	12.7014	12.9048	10.2162
		加权净资产收益率（%）	12.2900	12.6100	9.2500

续表

序号	指标	参数	2013 年 12 月 31 日	2012 年 12 月 31 日	2011 年 12 月 31 日
4	发展能力指标	营业收入增长率（%）	21.0368	39.2865	8.0472
		总资产增长率（%）	6.3307	11.2341	10.4277
		营业利润增长率（%）	8.7759	50.7202	0.3883
		净利润增长率（%）	4.6527	42.5836	3.3649
		净资产增长率（%）	6.7604	6.6106	5.0992

十七　网宿科技（300017）

上海网宿科技股份有限公司（证券代码：300017）前身是上海网宿科技发展有限公司，从事计算机软硬件科技领域内的技术开发、技术转让、技术咨询、技术服务，信息采集、信息发布、信息系统集成，经济信息服务，电信业务，计算机软硬件及配件、办公设备的销售，从事货物及技术的进出口业务。公司是国内领先的互联网业务平台服务提供商，主要向客户提供内容分发与加速、服务器托管、服务器租用等互联网业务平台解决方案，是国内最早开展 IDC 和 CDN 业务的厂商之一。公司在北京、上海、广州、深圳等地设有分公司、在美国和我国南京、济南、天津等地建有 8 家全资子公司，在厦门及美国硅谷设立了研发中心，员工总数超过 1500 人。客户群主要包括各类互联网门户网站、网络游戏运营商、电子商务网站、即时通信网站、音视频网站、博客/播客论坛类网站、政府以及企业网站等，公司服务的客户超 3000 家，是市场同类公司中拥有客户数量最多、行业覆盖面最广的公司之一。

从该公司 2011 年到 2013 年财务报表计算的财务效率参数（见表17）可以看出，流动比率、速动比率较高，资产流动性稳健，资产负债比率较合理，公司财务风险水平较低；运营状况总体平稳，应收账款周转率保持平稳，总资产周转率呈持续改善态势；盈利能力较好，盈利水平较高；资产规模三年呈加速增长态势，净利润也呈现快速增长态势。

表 17　　　　　　网宿科技（300017）财务效率参数

序号	指标	参数	2013 年 12 月 31 日	2012 年 12 月 31 日	2011 年 12 月 31 日
1	偿债能力指标	流动比率	4.7196	7.1406	11.0417
		速动比率	4.9844	5.0425	4.5516
		资产负债比率（%）	16.4158	16.2803	18.1921
		产权比率（%）	19.6399	19.4463	22.2375
2	运营能力指标	应收账款周转率	8.3188	10.1843	7.7696
		存货周转率	27.9649	52.3401	36.9542
		流动资产周转率	1.3033	1.1546	0.8560
		固定资产周转率	5.8108	4.9908	3.7378
		总资产周转率	1.0153	0.8942	0.6703
		每股现金流量增长率（%）	46.5733	88.3480	253.7778
3	盈利能力指标	营业利润率（%）	21.1535	13.7974	9.8863
		营业净利率（%）	19.6775	12.7327	10.0936
		营业毛利率（%）	42.3389	33.8395	28.8396
		成本费用利润率（%）	28.0567	17.4940	13.2406
		总资产报酬率（%）	19.1430	12.5008	7.6959
		加权净资产收益率（%）	23.9600	12.6900	7.2300
4	发展能力指标	营业收入增长率（%）	47.8880	50.2926	49.6464
		总资产增长率（%）	41.6327	16.9431	8.0334
		营业利润增长率（%）	126.7344	109.7507	44.0192
		净利润增长率（%）	128.5510	89.5880	42.9717
		净资产增长率（%）	30.7636	11.6915	5.6597

十八　中元华电（300018）

武汉中元华电科技股份有限公司（证券代码：300018）位于国家自主创新示范区——武汉东湖新技术开发区，是国家级高新技术企业，作为国内首批在创业板上市的企业之一，公司股票于 2009 年在深交所上市交易。在社会各界大力支持下，经过公司全体员工多年不懈努力，公司经营业务已拓展到智能电网、医疗健康和产业投资领域。公司设有湖北省认定的企业技术中心、院士工作站，参与多项国家、行业和企业标准的起草，拥有二十多项发明专利和一百多项软件著作权。在智能电网业务方面，公司主要围绕智能变电站、智能配网、新能源应用研发、制造、销售用户所需产品并提供相关服务。公司主营产品之一——电力故障录波装置的技术和市场占有率一直处于行业领先地位。医疗健康业务方面，公司专注生命健康，目前主要从事医疗信息化及临床体外诊断相关产品的研发、生产、销售与服务，可提供面向医疗机构的数字化医院、面向政府及卫生行政管理部门的健康城市、面向公众的个人健康服务的产品和服务，以及医疗检验设备和体外诊断试剂。随着公司在医疗健康领域"数据、产品、服务"发展战略的逐步实施，将形成可以互动、有协同效应的医疗健康产业链，推动公司的快速发展。产业投资方面，公司通过构建科学、高效、专业的产业投资平台优化资源配置，围绕公司在智能电网和医疗健康领域的战略布局和产业发展进行并购和投资，助力公司发展。

从该公司 2011 年到 2013 年财务报表计算的财务效率参数（见表18）可以看出，流动比率、速动比率高，资产流动性稳健，资产负债比率较低，公司财务风险水平较低；运营状况总体平稳，应收账款周转率略有下降，总资产周转率呈稳定态势；盈利能力较好，盈利水平较为平稳；资产规模增速较慢，净利润增速偏低。

表 18　　　　　　　　中元华电（300018）财务效率参数

序号	指标	参数	2013 年12 月 31 日	2012 年12 月 31 日	2011 年12 月 31 日
1	偿债能力指标	流动比率	10.0818	8.0405	9.2564
		速动比率	9.2220	7.2375	8.4982
		资产负债比率（%）	8.7203	11.0568	9.7326
		产权比率（%）	9.5534	12.4313	10.7820
2	运营能力指标	应收账款周转率	1.4875	1.6770	1.6424
		存货周转率	1.6276	1.8242	2.3322

续表

序号	指标	参数	2013年12月31日	2012年12月31日	2011年12月31日
2	运营能力指标	流动资产周转率	0.2858	0.3152	0.2641
		固定资产周转率	4.8056	7.3892	8.7841
		总资产周转率	0.2527	0.2821	0.2444
		每股现金流量增长率（%）	43.9763	53.1818	−26.6667
3	盈利能力指标	营业利润率（%）	18.4785	20.3986	25.3010
		营业净利率（%）	19.6112	20.6028	22.4944
		营业毛利率（%）	47.2586	47.3020	51.9280
		成本费用利润率（%）	28.3835	32.0937	36.3056
		总资产报酬率（%）	5.6687	6.7567	6.0917
		加权净资产收益率（%）	5.4900	6.1200	5.7600
4	发展能力指标	营业收入增长率（%）	−8.0989	24.8191	38.0977
		总资产增长率（%）	0.1025	5.2024	11.4178
		营业利润增长率（%）	−16.7492	0.6336	1.9668
		净利润增长率（%）	−7.6913	9.2335	−13.1280
		净资产增长率（%）	2.7413	3.3084	2.8646

十九　硅宝科技（300019）

成都硅宝科技股份有限公司（证券代码：300019，以下简称硅宝科技），成立于1998年，地处中国有机硅工业的发源地——四川，主要从事有机硅室温胶、硅烷及制胶专用设备的研究开发、生产销售。硅宝科技于2009年在创业板上市，成为中国新材料行业第一家、四川省第一家创业板上市公司。"硅宝"商标于2012年被国家工商总局认定为"中国驰名商标"，硅宝科技是有机硅室温胶行业唯一一家获此殊荣的企业。作为国家级高新技术企业、国家火炬计划重点高新技术企业，硅宝科技承担并完成了多项国家及省市重点科技攻关及技术创新计划项目，取得一批产业化成果，技术经济实力处于国内同行业领先地位，荣获"中国化工行业技术创新示范企业"及四川省"创新型试点企业"称号。

硅宝科技是业内唯一一家集有机硅室温胶和制胶专用设备研发、生产和销售于一体的企业，聚集了一大批行业顶尖技术专家、知名顾问团队，组建了以博士、硕士为主的青年研发团队，具有领先的产品研发、技术创新和技术服务能力。公司拥有3名国标委技术委员会委员，主导或参与编制起草了25项国际标准、国家标准和行业标准。公司已获得25项国家专利，荣获十余项省市科技进步奖。公司拥有全世界最先进的立式自动化生产线和智能化控制系统，同时拥有同行业试验设备最先进、检测手段最完善、资产规模最大的省级企业技术中心。

从该公司2011年到2013年财务报表计算的财务效率参数（见表19）可以看出，流动比率、速动比率较高，资产流动性稳健，资产负债比率较合理，公司财务风险水平较低；运营状况总体平稳，应收账款周转率略有下降，总资产周转率呈稳定态势；盈利能力较好，盈利水平较为平稳；资产规模三年呈现净增长态势，净利润增长幅度较高。

表19　　　　　　　　硅宝科技（300019）财务效率参数

序号	指标	参数	2013年12月31日	2012年12月31日	2011年12月31日
1	偿债能力指标	流动比率	4.3456	5.4186	7.2043
		速动比率	3.7104	4.7588	6.4424
		资产负债比率（%）	16.9280	14.9569	10.7913
		产权比率（%）	20.3775	17.5874	12.0967
2	运营能力指标	应收账款周转率	6.2937	6.3623	8.0522
		存货周转率	5.9347	5.5284	7.1895
		流动资产周转率	1.1895	0.9836	0.9210
		固定资产周转率	3.3508	3.5895	3.9340
		总资产周转率	0.7305	0.6565	0.6790
		每股现金流量增长率（%）	64.6667	93.0147	-66.0000
3	盈利能力指标	营业利润率（%）	16.3096	18.5754	15.9800
		营业净利率（%）	15.1119	16.6864	14.8386
		营业毛利率（%）	33.0986	35.9584	31.0790
		成本费用利润率（%）	21.0409	24.0554	20.6155

续表

序号	指标	参数	2013 年 12 月 31 日	2012 年 12 月 31 日	2011 年 12 月 31 日
3	盈利能力指标	总资产报酬率（%）	12.1810	12.0436	11.0435
		加权净资产收益率（%）	13.5800	12.9800	11.5400
4	发展能力指标	营业收入增长率（%）	24.8990	9.5621	67.5811
		总资产增长率（%）	11.3206	13.3110	13.2941
		营业利润增长率（%）	9.6637	27.3570	29.4435
		净利润增长率（%）	14.0419	2.2328	17.4516
		净资产增长率（%）	9.0225	9.0282	8.4117

二十　银江股份（300020）

银江股份有限公司（证券代码：300020）是第一批创业板上市企业。目前已成长为中国领先的智慧城市解决方案提供商和数据运营服务商。公司是国内行业内综合业务资质等级最高且种类最齐全的公司之一，以"致力智慧城市建设"为企业愿景，率先在国内提出智慧城市理念，通过人工智能、大数据、云计算、移动互/物联网等技术的应用，以及可穿戴设备、移动智能终端设备的产品开发，致力于为城市管理者提供全方位的智慧城市顶层设计规划及建设运营模式，为智慧城市各行业用户提供先进的整体解决方案、技术应用服务、数据运营服务。

银江股份作为国家规划布局内重点软件企业和国家火炬计划重点高新技术企业，拥有国家级企业技术中心和国家级博士后科研工作站。银江研究院设立了7大研究所，建立了完整的技术支持和技术服务团队。公司与清华大学等著名高校建立了联合研究机构，公司自主研发的产品和科技成果入选中国优秀软件产品、国家火炬计划项目、国家重大科技专项。随着公司全国化市场战略和"互联网＋城市"战略稳步快速推进，公司将秉承"共创、共享、共赢"的企业理念，努力推进智慧经济发展，为共同构建便捷、高效、绿色的百姓智慧生活而不懈努力。

从该公司2011年到2013年财务报表计算的财务效率参数（见表20）可以看出，流动比率、速动比率低于理论值2，资产流动性偏弱，资产负债比率较高，公司财务风险水平较高；运营状况总体平稳，应收账款周转率略有下降，总资产周转率呈稳定态势；盈利能力较弱，盈利水平较低；资产规模三年呈现加速增长态势，净利润增长率较高。

表 20　　　　　　　银江股份（300020）财务效率参数

序号	指标	参数	2013 年 12 月 31 日	2012 年 12 月 31 日	2011 年 12 月 31 日
1	偿债能力指标	流动比率	1.4961	1.5509	1.7574
		速动比率	0.9263	1.0078	1.1398
		资产负债比率（%）	60.4336	61.0084	53.3208
		产权比率（%）	152.7399	156.4657	114.2280
2	运营能力指标	应收账款周转率	3.4814	3.8045	3.7310
		存货周转率	1.8102	1.7860	1.6669
		流动资产周转率	0.8646	0.8485	0.7793
		固定资产周转率	0.7858	0.7996	0.7380
		总资产周转率	0.7858	0.7996	0.7380
		每股现金流量增长率（%）	-127.7935	167.9	-30.3
3	盈利能力指标	营业利润率（%）	7.7797	8.2654	9.2210
		营业净利率（%）	7.6174	7.8601	8.0724
		营业毛利率（%）	23.5224	26.1863	26.0130
		成本费用利润率（%）	9.3243	9.8265	10.6292
		总资产报酬率（%）	6.1430	6.1321	6.4395
		加权净资产收益率（%）	16.7500	15.7000	12.6000
4	发展能力指标	营业收入增长率（%）	24.6869	44.4388	44.4263
		总资产增长率（%）	17.8079	41.9369	20.7853
		营业利润增长率（%）	24.1903	22.3487	41.9448
		净利润增长率（%）	31.0617	34.6273	27.2738
		净资产增长率（%）	22.6421	13.7088	10.7851

二十一　大禹节水（300021）

大禹节水集团股份有限公司（证券代码：300021）创建于 1999 年，

以作为公司股东的中国水利水电科学研究院和水利部科技推广中心为技术支撑单位，发展至今已成为集节水灌溉材料研发、制造、销售与节水灌溉工程设计、施工、服务为一体的专业化节水灌溉工程系统提供商，是国内规模大、品种全、技术水平高、实力强的节水灌溉行业龙头企业。公司主营生产滴灌管（带）、喷灌设备、过滤设备、施肥设备、输配水管材及管配件等 7 大类 30 多个系列近 1500 个品种的节水灌溉产品。产品辐射中国数千万亩节水农田，远销美国等 20 多个国家和地区。大禹节水是科技部认定的国家级重点高新技术企业，已承担实施国家 "863" 计划、"948" 计划、星火计划、火炬计划等重点科技研究项目 30 多项，先后成功开发国家重点新产品 11 个，拥有 "压力补偿式滴头" 等 130 多项专利技术。公司坚持 "质量是生命，品质大于天" 的原则，产品质量达到国内领先和国际先进水平。"大禹" 商标被国家工商总局认定为 "中国驰名商标"，公司先后被国务院表彰为 "全国就业先进企业"，中华全国总工会授予 "全国五一劳动奖状"，科技部授予 "国家重点高新技术企业"，国家发改委授予 "国家高技术产业化示范工程" 及 "国家高技术产业化十年成就奖" 等一百多项荣誉。

从该公司 2011 年到 2013 年财务报表计算的财务效率参数（见表 21）可以看出，流动比率、速动比率偏低，资产流动性较弱，资产负债比率较高，公司财务风险水平较高；运营状况总体平稳，应收账款周转率呈稳定态势，总资产周转率呈持续改善；盈利能力较差，盈利水平较低；资产规模三年呈净增长态势，净利润呈负增长态势。

表 21　　　　　　　　大禹节水（300021）财务效率参数

序号	指标	参数	2013 年 12 月 31 日	2012 年 12 月 31 日	2011 年 12 月 31 日
1	偿债能力指标	流动比率	1.1681	1.2360	1.3023
		速动比率	0.7288	0.6775	0.8624
		资产负债比率（%）	66.3526	64.8548	61.9069
		产权比率（%）	197.2002	184.5341	162.5146

续表

序号	指标	参数	2013 年 12 月 31 日	2012 年 12 月 31 日	2011 年 12 月 31 日
2	运营能力指标	应收账款周转率	2.4476	2.4378	2.4614
		存货周转率	1.3216	1.1337	1.2403
		流动资产周转率	0.7429	0.6574	0.5757
		固定资产周转率	2.4025	2.7881	4.2281
		总资产周转率	0.5296	0.4710	0.4199
		每股现金流量增长率（%）	166.2000	-1.3000	57.5000
3	盈利能力指标	营业利润率（%）	1.3290	5.9519	8.6242
		营业净利率（%）	2.3985	5.5305	7.4945
		营业毛利率（%）	26.6422	31.2129	32.5383
		成本费用利润率（%）	3.2399	7.2350	10.4208
		总资产报酬率（%）	1.5779	2.9136	3.3257
		加权净资产收益率（%）	1.2600	7.1400	7.2000
4	发展能力指标	营业收入增长率（%）	26.5251	42.7257	22.1488
		总资产增长率（%）	9.1935	16.4084	42.6382
		营业利润增长率（%）	-71.7475	-1.5000	-3.1097
		净利润增长率（%）	-45.7661	5.3246	2.2333
		净资产增长率（%）	3.7367	7.3998	3.9040

二十二 吉峰农机（300022）

吉峰农机股份有限公司（证券代码：300022）始创于 1994 年，正式运营于 1998 年，2008 年完成股份制改造。公司主要从事国内外名优农机产品的引进推广、品牌代理、特许经营、农村机电专业市场开发，已形成传统农业装备、载货汽车、通用机电产品等核心务体系，同时开展泵站及节水灌溉工程勘测设计、设备供应、安装施工等业务。吉峰农机在取得农业部农业机械一级维修资质的同时，与国内一线农机生产厂商，如：福田、东方红等建立了服务站（中心），全面负责产品在区域内的服务工作，并在农忙季节派遣服务人员参与到厂方组织的全国性服务活动中。为广大农民朋友提供及时便捷的全方位服务。及时、贴心的流动服务：为满足广大用户的需求，公司在农忙季节采取流动作业方式，为用户提供及时、高效的服务及配件供应。四川吉峰农机维修服务有限公司提供的主要服务项目有：维修保养、服务咨询、配件供应、农业水利灌溉工程承包、农业全程化机械服务。公司将及时为客户提供最新、最方便及最实用的产品维护、使用技巧等方面的专业技术知识。

从该公司2011年到2013年财务报表计算的财务效率参数（见表22）可以看出，流动比率、速动比率较低，资产流动性较弱，资产负债比率很高，公司财务风险水平很高；运营状况总体平稳，应收账款周转率呈下滑态势，总资产周转率呈逐年下滑态势；盈利能力欠佳，盈利水平较低；资产规模三年呈现萎缩态势，净利润呈负增长态势。

表22　　　　　　　　吉峰农机（300022）财务效率参数

序号	指标	参数	2013年12月31日	2012年12月31日	2011年12月31日
1	偿债能力指标	流动比率	1.1446	1.2465	1.2857
		速动比率	0.7327	0.8264	0.7970
		资产负债比率（%）	82.6268	76.4106	74.6918
		产权比率（%）	475.5979	323.9189	295.1292
2	运营能力指标	应收账款周转率	5.4034	6.0775	7.3511
		存货周转率	4.0725	3.8755	4.1307
		流动资产周转率	1.6179	1.6133	1.7481
		固定资产周转率	64.1284	85.0075	97.6996
		总资产周转率	1.5276	1.5424	1.6784
		每股现金流量增长率（%）	-177.2626	141.9000	18.7000
3	盈利能力指标	营业利润率（%）	-3.3221	0.9841	2.7419
		营业净利率（%）	-4.1027	0.6082	2.1466
		营业毛利率（%）	12.3603	14.1059	13.8398
		成本费用利润率（%）	-3.6869	0.9906	2.8476
		总资产报酬率（%）	-5.7921	1.4360	3.9740
		加权净资产收益率（%）	-26.4900	2.0700	11.6100

续表

序号	指标	参数	2013 年 12 月 31 日	2012 年 12 月 31 日	2011 年 12 月 31 日
4	发展能力 指标	营业收入增长率（%）	2.8163	12.9655	40.3673
		总资产增长率（%）	− 2.2172	10.4715	40.4191
		营业利润增长率（%）	− 482.0132	− 63.1622	24.4932
		净利润增长率（%）	− 1221.9946	− 81.7486	5.9710
		净资产增长率（%）	− 24.0731	− 0.8524	8.8352

二十三　宝德股份（300023）

西安宝德自动化股份有限公司（证券代码：300023）是一家钻采设备电控自动化系统行业科技企业，公司主要从事石油钻采电控系统业务、环保工程设计与施工业务、融资租赁业务、自动化业务。公司的产品和服务有石油钻采自动化产品及服务、环保工程设计与施工、融资租赁。公司先后多次获得荣誉：2003 年研制成功中国首台 3000 米一体化钻机电控系统；2006 年 WB-ZJ90DB 钻机交流变频控制系统荣获"国家重点新产品奖"；2007 年 WB-ZJ90DB 钻机一体化控制系统荣获"2007 年度西安市科学技术一等奖"、研制成功世界首台 12000 米陆地钻机交流变频电控系统，12000 米超深井钻机是国家"863"计划"十一五"重大科技攻关项目，该项目的成功研制入选"2007 年度中国十大科技进展新闻"等公司坚持科技进步、自主创新，以新技术应用、新项目开发、新设备研制为目标，目前，公司已经拥有多项国家专利技术，提升了宝德公司的产品技术领先优势及市场竞争实力。公司为全国各大油田成功配置了直流、交流电传动钻机百余套，产品远销美国等国家和地区。

从该公司 2011 年到 2013 年财务报表计算的财务效率参数（见表23）可以看出，流动比率、速动比率较高，资产流动性稳健，资产负债比率较低，公司财务风险水平较低；运营状况总体平稳，应收账款周转率呈稳定态势，总资产周转率呈稳定态势；盈利能力较弱，盈利水平较低；资产规模三年略有增加，净利润增长有待改善。

序号	指标	参数	2013年 12月31日	2012年 12月31日	2011年 12月31日
1	偿债能力指标	流动比率	4.7986	8.9259	10.2497
		速动比率	4.4039	8.3582	9.6569
		资产负债比率（%）	16.1400	9.4984	8.9295
		产权比率（%）	19.2463	10.4953	9.8050
2	运营能力指标	应收账款周转率	0.6496	0.6476	0.8790
		存货周转率	1.8723	2.4064	4.3243
		流动资产周转率	3.2343	4.5357	5.6632
		固定资产周转率	1.4302	1.7403	1.8683
		总资产周转率	0.1200	0.1700	0.2100
		每股现金流量增长率（%）	−0.0311	−0.3232	−0.2142
3	盈利能力指标	营业利润率（%）	5.3254	8.9732	10.34
		营业净利率（%）	3.5333	5.7832	6.7764
		营业毛利率（%）	15.5432	22.9932	28.8454
		成本费用利润率（%）	−3.4264	−2.4354	15.3237
		总资产报酬率（%）	−3.7234	−4.2354	2.4863
		加权净资产收益率（%）	−3.3500	−3.4500	2.3600
4	发展能力指标	营业收入增长率（%）	−29.7811	−18.8211	19.0480
		总资产增长率（%）	2.3851	−2.6782	6.6131
		营业利润增长率（%）	19.2000	−252.6413	31.0864
		净利润增长率（%）	6.2000	−245.4208	−37.7053
		净资产增长率（%）	−36280	−3.3950	2.3904

表23　　　　　　　　宝德股份（300023）财务效率参数

二十四　机器人（300024）

新松机器人自动化股份有限公司（证券代码：300024，以下简称"新松"）隶属中国科学院，是一家以机器人技术为核心，致力于全智能产品及服务的高科技上市企业，是全球机器人产品线最全的厂商之一，国内最大的机器人产业化基地。在沈阳、上海、杭州、青岛建有机器人产业园，在北京、香港等城市设立了多家控股子公司，在上海建有新松国际总部。公司现拥有 2000 余人的研发创新团队，形成以自主核心技术、核心零部件、领先产品及行业系统解决方案为一体的完整全产业价值链。作为工业 4.0 的践行者与推动者，公司将产业战略提升到涵盖产品全生命周期的数字化、智能化制造全过程，致力于打造数字化物联新产业模式。新松始终以超前的技术和独特的软硬件综合实力，一直引领中国机器人产业发展。目前，公司总市值位居国际同行业前三，成长性机器人行业居全球第一。

作为中国机器人产业的领军企业，新松在行业内实现了第一家上市，第一家获得"计算机信息系统集成及服务"一级资质，国内第一批 91 家创新型企业，中国机器人产业联盟理事长单位，中国机器人标准化总体组组长单位，中国机器人 TOP10 核心领头企业，中国最具创新力企业，中国十大品牌企业。伴随着智能时代的到来，新松全面推行大平台生态战略，即创新平台，产业平台，金融平台，教育平台，打造集技术、资本、人才于一体创新与产业生态圈，实现智能产业裂变发展，助力中国制造 2025。

从该公司 2011 年到 2013 年财务报表计算的财务效率参数（见表24）可以看出，流动比率、速动比率较高，资产流动性稳健，资产负债比率较合理，公司财务风险水平可控；运营状况总体平稳，应收账款周转率略有下滑，总资产周转率呈逐年改善态势；盈利能力较好，盈利水平较为平稳；资产规模三年呈现加速增长态势，净利润增长幅度高。

表 24   机器人（300024）财务效率参数

序号	指标	参数	2013 年 12 月 31 日	2012 年 12 月 31 日	2011 年 12 月 31 日
1	偿债能力指标	流动比率	3.2686	3.2683	3.0312
		速动比率	1.5888	1.7480	1.7567
		资产负债比率（%）	33.5292	32.2684	31.3483
		产权比率（%）	50.4419	47.6417	45.6628

续表

序号	指标	参数	2013 年 12 月 31 日	2012 年 12 月 31 日	2011 年 12 月 31 日
2	运营能力指标	应收账款周转率	3.4397	3.5211	3.8889
		存货周转率	1.4835	1.7317	1.7325
		流动资产周转率	0.8998	0.8567	0.6788
		固定资产周转率	5.6125	4.4915	3.9333
		总资产周转率	0.6058	0.5880	0.5206
		每股现金流量增长率（%）	-122.1631	706.000	-107.7729
3	盈利能力指标	营业利润率（%）	19.5144	14.1881	16.0102
		营业净利率（%）	19.3372	20.4235	21.4012
		营业毛利率（%）	33.5737	27.9418	30.3055
		成本费用利润率（%）	28.7670	27.8553	29.8105
		总资产报酬率（%）	12.4175	12.7147	12.0162
		加权净资产收益率（%）	16.5700	16.1100	14.3800
4	发展能力指标	营业收入增长率（%）	26.2974	33.2916	41.9084
		总资产增长率（%）	25.1823	19.4755	16.3114
		营业利润增长率（%）	73.7108	18.1219	29.7624
		净利润增长率（%）	20.1164	30.2818	47.9707
		净资产增长率（%）	15.7761	17.5230	14.0385

二十五　华星创业（300025）

杭州华星创业通信技术股份有限公司（证券代码：300025）创建于 2003 年，是专业提供移动通信技术服务和互联网数据服务的高新技术企业。公司致力于开拓移动通信和互联网数据领域的创新服务和产品，通过提升公司技术服务的交付水平和能力，为电信运营商、设备商和互联网客户提供技术先进的产品解决方案和优质高效的技术服务。华星创业提供的移动通信技术服务和产品主要包括移动通信网络的规划设计、工程建设、室分工程、网络基础代维、网络测评优化、无线测试系统（兼容从 2G 到 4G 各种技术制式）、移动通信专用无线测试终端、信令采集平台和基于信令大数据的网络分析优化软件；华星创业提供的互联网数据服务和产品包括服务器托管、服务器租赁、云服务、数据增值服务、IT运维外包服务。公司成立之初就重视产品和服务的质量，提出了"技术先进，品质一流；优质服务，持续改进"的质量方针。2006年，公司通过了 ISO9001 质量管理体系认证，2012 年公司通过了 TL9000 质量管理体系认证，具备了有效的质量控制手段，保证了服务和产品的质量。

从该公司 2011 年到 2013 年财务报表计算的财务效率参数（见表25）可以看出，流动比率略低于理论值2，资产流动性稳健，资产负债比率较高，公司财务风险水平较高；运营状况总体平稳，应收账款周转率呈小幅下降态势，总资产周转率呈小幅下降态势；盈利能力有待改善，盈利水平偏低；资产规模三年呈现加速增长态势，净利润增长幅度波动较大。

表 25   华星创业（300025）财务效率参数

序号	指标	参数	2013 年 12 月 31 日	2012 年 12 月 31 日	2011 年 12 月 31 日
1	偿债能力指标	流动比率	1.8549	1.7215	1.8643
		速动比率	1.7680	1.5581	1.6321
		资产负债比率（%）	45.6440	49.8074	43.5406
		产权比率（%）	83.9722	99.2324	77.1183
2	运营能力指标	应收账款周转率	1.0973	1.3437	1.8589
		存货周转率	7.9402	5.2956	7.7867
		流动资产周转率	0.8115	0.9140	1.1012
		固定资产周转率	25.7309	26.3337	22.4673
		总资产周转率	0.6556	0.7546	0.8809
		每股现金流量增长率（%）	252.0000	96.2000	-677.6429
3	盈利能力指标	营业利润率（%）	10.1608	8.5942	10.8287
		营业净利率（%）	9.1253	7.5047	9.9017
		营业毛利率（%）	33.7705	37.4348	38.7807
		成本费用利润率（%）	12.7954	10.2603	13.7809

续表

序号	指标	参数	2013 年 12 月 31 日	2012 年 12 月 31 日	2011 年 12 月 31 日
3	盈利能力指标	总资产报酬率（%）	6.2882	6.3082	8.1684
		加权净资产收益率（%）	13.6600	8.5100	12.4800
4	发展能力指标	营业收入增长率（%）	14.2782	22.4028	112.1963
		总资产增长率（%）	39.4200	21.9137	80.8146
		营业利润增长率（%）	35.1079	-2.8551	18.3609
		净利润增长率（%）	124.2871	-26.1247	-4.4501
		净资产增长率（%）	91.3496	8.9454	9.1305

二十六　红日药业（300026）

天津红日药业股份有限公司（证券代码：300026）创建于 1996 年，坐落于天津市武清区。2009 年 10 月，红日药业成为全国首批、天津首家在深交所创业板成功上市的企业。红日药业秉承全方位创新理念，建有天津首家技术转化中心、院士工作站，并联合广大科研院所建立以企业为核心的创新联盟，形成以"血必净"注射液和"全成分"配方颗粒为代表的独立知识产权的撒手锏产品群。现拥有国内有效发明专利 142 项，国内有效实用新型专利 159 项，国际有效发明专利 2 项。以做"中华医药的传承者，健康产业的领先者"为愿景，红日药业通过多种融资手段，实现多维度跨越式发展。现已形成横跨原辅料生产、中药材种植、现代中药制剂、中药配方颗粒、化学合成药、生物技术药、医疗器械、可穿戴医用产品、互联网医疗等诸多领域的产业集群。成为集投融资、研发、生产、销售于一体的医药健康产业集团。

红日药业的主力品种"血必净"注射液对弘扬我国传统医学，提高我国急救医学和人类健康以及提高中医药的国际地位和我国危重病救治水平都具有重大现实意义，并有助于尽快实现中药现代化和中药走向国际市场，为在世界范围内提高脓毒症和多器官功能障碍综合征愈显率和降低死亡率做出重要贡献。

从该公司 2011 年到 2013 年财务报表计算的财务效率参数（见表

26）可以看出，流动比率、速动比率较高，资产流动性稳健，资产负债比率较合理，公司财务风险水平可控；运营状况总体平稳，应收账款周转率持续下降，总资产周转率呈持续改善态势；盈利能力较好，盈利水平较为平稳；资产规模三年呈现加速增长态势，净利润增长幅度较高。

表26　　　　　　　红日药业（300026）财务效率参数

序号	指标	参数	2013年12月31日	2012年12月31日	2011年12月31日
1	偿债能力指标	流动比率	2.7565	2.8989	3.1601
		速动比率	2.3116	2.5684	2.8016
		资产负债比率（%）	23.2718	23.0430	25.3983
		产权比率（%）	30.3302	29.9428	34.0453
2	运营能力指标	应收账款周转率	4.2920	4.7790	4.7046
		存货周转率	1.9684	2.3472	1.8002
		流动资产周转率	1.8325	1.3467	0.6215
		固定资产周转率	3.1165	3.0147	3.6539
		总资产周转率	1.0432	0.7661	0.4181
		每股现金流量增长率（%）	-37.1007	158.6864	-48.6957
3	盈利能力指标	营业利润率（%）	18.4060	25.1639	30.0359
		营业净利率（%）	16.2549	21.2068	26.8628
		营业毛利率（%）	84.8447	80.1756	68.8114
		成本费用利润率（%）	23.6750	34.1164	46.1307
		总资产报酬率（%）	18.0644	17.1211	12.6777
		加权净资产收益率（%）	22.1700	20.6500	12.1000
4	发展能力指标	营业收入增长率（%）	70.6080	118.8142	46.3428
		总资产增长率（%）	23.1528	28.0184	9.9738
		营业利润增长率（%）	24.7907	83.3206	26.0729
		净利润增长率（%）	46.9230	89.1690	19.7359
		净资产增长率（%）	2.7565	2.8989	3.1601

二十七　华谊兄弟（300027）

华谊兄弟股份有限公司（证券代码：300027）是中国大陆最知名的综合性娱乐集团，于 1994 年创立。1998 年华谊兄弟正式进入影视界，开发、制作及发行中国最受欢迎的影视作品。2009 年率先登陆创业板，成为中国影视行业首家上市公司，被称为"中国影视娱乐第一股"。

近年来，华谊兄弟以前瞻性思维引领业务布局，不断坚持创新，被业界评价为中国娱乐行业的先锋和领军者。目前，华谊兄弟投资及运营四大业务板块：以电影、电视剧、艺人经纪等业务为代表的影视娱乐板块；以电影城、电影世界、电影小镇、文化城等业务为代表的品牌授权与实景娱乐板块；以游戏、新媒体、粉丝社区等业务为代表的互联网娱乐板块以及第四大业务板块产业投资板块。2014 年，阿里巴巴、腾讯、中国平安联袂入股华谊，成为华谊兄弟突破行业边界限制的强大后盾。公司坚持以人为本，与冯小刚、成龙、徐克等华语市场最具号召力和专业实力的成熟导演建立稳定合作的同时，也非常看重对年轻创作人才的支持与培养，不断为华语电影输送新鲜血液。

从该公司 2011 年到 2013 年财务报表计算的财务效率参数（见表27）可以看出，流动比率略低，资产流动性稳健，资产负债比率较高，公司财务风险水平较高；运营状况总体平稳，应收账款周转率略有下降，总资产周转率呈稳定态势；盈利能力较好，盈利水平较为平稳；资产规模三年呈现加速增长态势，净利润增长幅度高。

表 27　　　　　　　　**华谊兄弟（300027）财务效率参数**

序号	指标	参数	2013 年12 月 31 日	2012 年12 月 31 日	2011 年12 月 31 日
1	偿债能力指标	流动比率	1.5125	1.7238	2.5168
		速动比率	1.2563	1.2916	1.7980

序号	指标	参数	2013 年12 月31 日	2012 年12 月31 日	2011 年12 月31 日
1	偿债能力指标	资产负债比率（%）	45.1156	48.6525	30.6771
		产权比率（%）	82.2011	94.7515	44.2525
2	运营能力指标	应收账款周转率	1.8753	1.9660	2.0577
		存货周转率	1.4275	1.1008	0.9790
		流动资产周转率	0.6510	0.5904	0.5008
		固定资产周转率	6.8341	7.1066	9.5929
		总资产周转率	0.3549	0.4200	0.3979
		每股现金流量增长率（%）	304.1000	46.2000	−241.6296
3	盈利能力指标	营业利润率（%）	40.8523	18.3302	27.4301
		营业净利率（%）	33.4241	17.3621	23.0193
		营业毛利率（%）	54.8039	50.6191	57.7848
		成本费用利润率（%）	60.6278	28.0126	42.6123
		总资产报酬率（%）	12.4476	7.7571	11.0931
		加权净资产收益率（%）	20.7700	12.7300	12.6100
4	发展能力指标	营业收入增长率（%）	45.2655	55.3594	−16.7331
		总资产增长率（%）	74.2979	67.9526	21.8581
		营业利润增长率（%）	223.7515	3.8192	34.1010
		净利润增长率（%）	172.2300	20.4674	35.9861
		净资产增长率（%）	85.9897	25.6290	8.7108

二十八　金亚科技（300028）

金亚科技股份有限公司（证券代码：300028）总部位于四川省成都市金牛区蜀西路50 号。公司成立于1999 年11 月，2009 年10 月成功登陆深交所创业板。公司具备数字电视系统端到端的设计、集成、工程施工的能力和经验，秉承"争技术领先，创一流品牌"的现代企业管理理念。经过多年服务数字电视行业的资源积累，与产业链的上下游建立了广泛、深入的合作关系，与各运营服务商、高校、科研院所和付费频道行业协会、互动媒体协会等建立了研发合作关系，在多屏互动增值业务开发、宽带接入与传输等领域开展了多课题攻关。产品涵盖：数字电视终端系列设备、有线电视双向网络设备、数字电视运营支撑系统、数字电视增值业务平台，以及满足"三网融合"多运营主体不同需求的各类数字电视机顶盒、IPTV 等。

公司通过了 ISO9001 质量认证及 ISO14001 国际环境管理体系认证，严格按照体系要求，将质量管理贯穿研发、生产、销售到售后服务的全过程，产品的各项性能指标均达到或超过相关产品标准。多个软件产品获得了《计算机软件著作权证书》，并获得国家发明专利 30 余项。按国家相关要求认证的产品均通过"广电产品入网认证"和"3C 认证"。与此同时金亚科技拥有自己高素质的专业研发团队，智能化、规模化的生产体系以及完善的售前售后服务。金亚科技经过近二十年的发展，在国内数字多媒体领域取得了骄人的成绩，成为国家高新技术企业。

从该公司 2011 年到 2013 年财务报表计算的财务效率参数（见表28）可以看出，流动比率、速动比率较高，资产流动性稳健，资产负债比率较高，公司财务风险水平较高；运营状况总体平稳，应收账款周转率呈稳定态势，总资产周转率呈稳定态势；盈利能力欠佳，盈利水平偏低；资产规模三年呈净增长态势，净利润呈负增长，有待改善。

表28　　　　　　　　　金亚科技（300028）财务效率参数

序号	指标	参数	2013 年 12 月 31 日	2012 年 12 月 31 日	2011 年 12 月 31 日
1	偿债能力指标	流动比率	2.2552	2.8613	2.4090
		速动比率	2.0252	2.5514	4.5560
		资产负债比率（%）	53.9916	40.1421	18.0731
		产权比率（%）	117.3516	67.0623	22.0600
2	运营能力指标	应收账款周转率	1.9803	2.1890	1.6326
		存货周转率	4.5002	5.2598	4.5598
		流动资产周转率	0.5801	0.5749	0.3331

序号	指标	参数	2013 年 12 月 31 日	2012 年 12 月 31 日	2011 年 12 月 31 日
2	运营能力指标	固定资产周转率	8.8438	7.5344	3.5316
		总资产周转率	0.456	0.449	0.2567
		每股现金流量增长率（%）	−442.0	−87.6	77.9500
3	盈利能力指标	营业利润率（%）	−22.3681	5.8552	19.6587
		营业净利率（%）	−20.3997	6.1698	21.9310
		营业毛利率（%）	18.5398	28.6407	36.2558
		成本费用利润率（%）	−19.9385	7.7935	26.9049
		总资产报酬率（%）	−9.4235	2.7041	5.3025
		加权净资产收益率（%）	−17.7200	4.0400	6.6900
4	发展能力指标	营业收入增长率（%）	24.5714	121.0690	1.5343
		总资产增长率（%）	7.6994	44.0145	7.3293
		营业利润增长率（%）	−575.8911	−34.1567	−22.2693
		净利润增长率（%）	−512.8216	−37.8069	−12.1248
		净资产增长率（%）	−18.9038	5.2207	1.7125

参考文献

[1] 曾永艺、吴世农、吴冉劼:《我国创业板高超募之谜:利益驱使或制度使然》,《中国工业经济》2011年第9期。

[2] 鲁桂华、陈晓:《庄与会计盈余的价格含义》,《管理世界》2005年第7期。

[3] 阮文娟:《资产定价:理论演进及应用研究》,《金融理论与实践》2007年第1期。

[4] 张强、杨淑娥、杨红:《套利能保持资本市场有效吗——行业金融学套利局限性与风险性分析》,《经济纵横》2005年第6期。

[5] Hersh Shefrin, "The Disposition to Sell Winners Too Early and Ride Losers Too Long: Theory and Evidence", *Journal of Finance*, No. 7, 1985.

[6] 程兵、梁衡义、肖宇谷:《动量和反转投资策略在我国股市中的实证分析》,《财经问题研究》2004年第8期。

[7] Hersh Shefrin, *Beyond Greed and Fear: Understanding Behavioral Finance and The Psychology of Investing*, Oxford University Press, 2002.

[8] 杨春鹏、吴冲锋:《行为金融:过度自信与混合期望收益模型》,《当代经济科学》2004年第1期。

[9] 宋军、吴冲锋:《基于分散度的金融市场的羊群行为研究》,《经济研究》2011年第11期。

[10] 孙培源、施东辉:《基于CAPM的中国股市羊群行为研究》,《经济研究》2002年第2期。

[11] Nicholas Barberis and Richard Thaler, "A Survey of Behavioral Fi-

nance", *Handbook of the Economics of Finance*, 2002.

[12] Jack Hirshleifer, "The Analytics of Uncertainty and Information-An Expository Survey", *Journal of Economic Literature*, No. 2, 1979.

[13] [美] 罗伯特·希勒：《非理性繁荣》，李心丹译，中国人民大学出版社 2001 年版。

[14] Albert S. Kyle, "Continuous Auctions and Insider Trading", *Econometrics*, No. 6, 1985.

[15] Ananth Madhavan, "Market Microstructure: ASurvey", *Journal of Financial Markets*, No. 3, 1992.

[16] Albert S. Kyle and S. Viswanathan, "Price ManipulationIn Financial Markets: How to Define Illegal Price Manipulation", *American Economic Review*, No. 2, 2008.

[17] 贺学会：《噪声交易理论研究综述》，《经济学动态》2005 年第 2 期。

[18] 杨胜刚、刘昊拓：《金融噪声交易理论对传统金融理论的挑战》，《经济学动态》2001 年第 5 期。

[19] Andrei Shelfer, "The Noise Trader Approach to Finance", *Journal of Economic Persperctives*, No. 4, 2000.

[20] F. Allen and D. Gale, "Stock Price Manipulation", *The Review of Financial Studies*, No. 3, 1992.

[21] Paolo Viale, "Speculative Noise Trading And Manipulation in the Foreign Market", *Journal of International Money & Finance*, No. 19, 2000.

[22] Albert F. Wang, "Informed Arbitrage with Speculative Noise Trading", *Journal of Banking&Finance*, No. 4, 2010.

[23] [德] 于尔根·艾希贝格尔、[澳] 伊恩·哈珀：《金融经济学》，刘锡良等译，西南财经大学出版社 2000 年版。

[24] W. Sharpe and GAlexander, *Investments*, Prentice Hall Press1990.

[25] S. Ross, "Arbitrage Theory of Capital Asset Pricing", *Journal of Economic Theory*, No. 13, 1976.

［26］范辛婷:《领先因子模型》,《长江证券研究报告》2011 年。

［27］强静:《基于宏观经济因子的利率模型研究》,硕士学位论文,复旦大学,2010 年。

［28］Robert Gibbons, *A Premier in Game Theory*, Harvester Wheatsheaf Press, 1992, pp. 70 – 74.

［29］Roy Gardener, *Games for Business and Economics*, John Wiley&Sons Press, 1995.

［30］M. O'Hara , *Market Microstructure theory* , Blackwell Publishers Ltd Press, 1995.

［31］W. Bagehot, "The Only Game In Town", *Financial Analysis Journal* , No. 27, 1971.

［32］T. Copeland and D. Galai, "Information Effects and the Bid-ask Spread", *Journal of Political Economy*, No. 38, 1983.

［33］余磊:《操纵证券市场罪研究》,博士学位论文,武汉大学,2010 年。

［34］周春生、杨云红、王亚平:《中国股票市场交易型的价格操纵研究》,《经济研究》2005 年第 10 期。

［35］陈国辉:《公司治理信息披露质量与知情交易》,《审计与经济研究》2015 年第 5 期。

［36］谭劲松、宋顺林、吴立扬:《公司透明度的决定因素——基于代理理论和信号理论的经验研究》,《会计研究》2010 年第 4 期。

［37］周春生、梅建平:《行为型操纵 》,《金融研究》2010 年第 1 期。

［38］赵涛、郑祖玄:《信息不对称与机构操纵》,《经济研究》2002 年第 7 期。

［39］邹小山:《中国股票市场价格操纵研究》,博士学位论文,暨南大学,2005 年。

［40］麻道明:《庄家克星:职业操盘手解析庄家操盘全过程》,经济管理出版社 2014 年版。

［41］［美］罗伯特·D. 爱德华兹:《股市趋势技术分析》,郑学勤译,机械工业出版社 2010 年版。

［42］柏子敏：《提高会计信息质量的理性思考：一般分析框架》，《经济问题》2007 年第 1 期。

［43］蓝文永：《基于投资者保护的信息披露机制研究》，博士学位论文，西南财经大学，2009 年。

［44］于晓红：《公司内在价值、投资者情绪与 IPO 抑价》，《中央财经大学学报》2013 年第 1 期。

［45］蔡昌达：《IPO 抑价因素的实证分析：基于创业板视角》，《经济经纬》2011 年第 1 期。

［46］雷星晖：《创始人、创业投资与创业板 IPO 抑价》，《证券市场导报》2011 年第 3 期。

［47］逮东：《创业板公司上市后为何会业绩变量》，《经济研究》2015 年第 2 期。

［48］周运兰：《创业板与中小板 IPO 溢价影响因素》，《商业研究》2010 年第 1 期。

［49］董耀武：《创业板高科技公司 IPO 研究》，《证券市场导报》2011 年第 4 期。

［50］杨敏：《异质行业下企业创新效率的可比测度》，《软科学》2015 年第 7 期。

［51］黄俊、陈信元：《媒体报道与 IPO 抑价——来自创业板的经验证据》，《管理科学学报》2013 年第 2 期。

［52］张雅慧：《媒体报道与 IPO 绩效：信息不对称还是投资者情绪》，《证券市场导报》2012 年第 1 期。

［53］陈德萍：《资本结构与企业绩效互动关系研究——基于创业板上市公司研究》，《会计研究》2012 年第 8 期。

［54］汪海粟：《创业板上市公司风险披露实证研究》，《统计与决策》2013 年第 13 期。

［55］郭葆春：《创业板信息披露行为及其改善研究》，《现代管理科学》2016 年第 2 期。

［56］F. Allen and D. Gale, "Stock-price Manipulation", *The Review of Financial Studies*, No. 3, 1992.

［57］王四国、李怀祖：《中国 A 股市场超额收益影响因素实证分析》，
《财贸经济》2002 年第 12 期。

［58］李兴绪：《证券市场中的机构操纵行为研究——基于中国股市中
机构与散户的博弈分析》，《数量经济技术经济研究》2003 年第
8 期。

［59］李广众、王美今：《市场操纵与证券市场弱有效性检验》，《中山
大学学报》（社会科学版）2003 年第 5 期。

［60］Khwaja, Asim Ijaz, "Price Manipulation and Phantom Markets—
AnIndepth Exploration of A Stock Market", *Working Paper*, University
of Chicago. 2003.

［61］李学、刘文虎：《市场操纵过程中低贝塔系数现象研究》，《证券
市场导报》2004 年第 12 期。

［62］于鸿君、王震：《论"庄股"识别——基于人均市值指标的实证
检验》，《金融研究》2005 年第 10 期。

［63］郭军：《我国深圳股市"庄家操纵"特征的实证分析》，《系统工
程理论与实践》2002 年第 9 期。

［64］Carole Comerton, "Measuring Closing Price Manipulation", *Journal of
Financial Intermediation*, No. 5, 2010.

［65］鲁桂华：《坐庄行为股票价格对会计盈余的过度反应与资本配置
效率》，《南开管理评论》2012 年第 6 期。

［66］黄长青、陈伟忠、杜少剑：《我国证券市场股价操纵的实证研
究》，《同济大学学报》（自然科学版）2004 年第 9 期。

［67］肖峻、陈伟忠、王宇熹：《中国股市基于成交量的价格动量策
略》，《同济大学学报》（自然科学版）2006 年第 8 期。

［68］R. Aggarwal and G. Wu, "Stock Market Manipulation", *Journal of
business*, No. 4, 2002.

［69］陈晓、秦跃红：《庄家与信息披露的质量》，《管理世界》2003 年
第 3 期。

［70］周春生、杨云红、王亚平：《中国股票市场交易型的价格操纵研
究》，《经济研究》2005 年第 10 期。

[71] A. Jarrow, "Market Manipulation, Bubbles, Cornersand Short Squeezes", *Journal Financial and Quantitative Analysis*, No. 4, 1992.

[72] B. Jordan and S. Jordan, "Salomon Brothers and the May 1991 Treasury Auction: Analysis of AMarket Corner", *Journal of Banking and Finance*, No. 20, 1996.

[73] 邹小山:《中国股票市场价格操纵研究暨南大学》, 博士学位论文, 暨南大学, 2005 年。

[74] K. Felixson, "Day End Returns Stock Price Manipulation", *Journal of Multinational Financial Management*, No. 9, 1999.

[75] Paolo Vitale, "Speculative Noise Trading and Manipulation in the Foreign Exchange Market", *Journal of International Money and Finance*, No. 9, 2000.

[76] Lee, Charles M. C. and Bhaskaran Swaminathan, "Price Momentum and Trading Volume", *Journal of Finance*, No. 5, 2000.

[77] F. Allen, LLitov and J. Mei. *Large Investors, Price Manipulation, and Limits to Arbitrage: An Anatomy of Market Corners*, Working Paper, 2006.

[78] J. Merrick, Y. Naik and K. Yadav, "Strategic Trading Behavior and Price Distortion in AManipulated Market: Anatomy of ASqueeze", *Journal of Financial Economics*, No. 77, 2005.

[79] J. P. Mei, G. J. Wu and CSZhou, *Behavior Based Manipulation: Theory and Prosecution Evidence*, New York University Working Paper, 2004.

[80] G. Jiang, P. Mahoney and J. Mei, "Market Manipulation: A Comprehensive Study of Stock Pools", *Journal of Finance Economics*, No. 77, 2005.

[81] Carole Comerton, "Measuring Closing Price Manipulation", *Journal of Financial Intermediation*, No. 5, 2010.

[82] D. Kong and M. Wang, "The Manipulator's Poker: Order-based Manipulation in the Chinese Stock Market", *Emerging Markets Finance &*

Trade，No. 2，2014.

［83］ S. Imisiker，"Which Firms are More Prone to Stock Market Manipula-tion?"，*Emerging Markets Review*，No. 16，2013.

［84］ Sun，X. Q.，Shen，H. W.，Cheng，X. Q and Wang，Z. Y.，"Degree-Strength Correlation Reveals Anomalous Trading Behavior"，*PLoS One*，No. 7，2012.

［85］ Yu Chuan Huang，"Stock Manipulation and Its Effects：Pump and Dump Versus Stabilization"，*Review Quantitive Finance Accounting*，No. 44，2015.

［86］ AFrino，V. Mollica and M. Romano，*Asymmetry in the Permanent Price Impact of Block Purchases And Aales：Theory And Empirical Evidence*，Working Paper，2012.

［87］ Chakrapani Chaturvedula，"Price Manipulation，Front Running and Bulk Trades：Evidence From India"，*Emerging Markets Review*，No. 23，2015.

［88］ 贺显南：《中国股市庄家操纵行为研究及其政策建议》，《中国软科学》1998 年第 12 期。

［89］ 马松建：《论操纵证券交易价格罪的几个问题》，《法学评论》1999 年第 6 期。

［90］ 王冬梅、陈忠琏：《上市公司会计信息操纵的经济学分析》，《数理统计与管理》2000 年第 4 期。

［91］ 戴园晨：《股市泡沫生成机理以及由大辩论引发的思考》，《经济研究》2001 年第 4 期。

［92］ 刘元海、陈伟忠、叶振飞：《金融市场操纵理论评述》，《经济学动态》2002 年第 10 期。

［93］ 王四国、李怀祖：《中国 A 股市场超额收益影响因素实证分析》，《财贸经济》2002 年第 12 期。

［94］ 祝红梅：《资产重组中的内幕交易和股价操纵行为研究》，《南开经济研究》2003 年第 5 期。

［95］ 史永东、蒋贤锋：《内幕交易——股价波动与信息不对称》，《世

界经济》2004 年第 12 期。

[96] 史永东、蒋贤锋：《中国证券市场违法违规行为的判别》，《预测》2005 年第 3 期。

[97] 周春生、杨云红、王亚平：《中国股票市场交易型的价格操纵研究》，《经济研究》2005 年第 10 期。

[98] 周春生、梅建平：《行为型操纵》，《金融研究》2010 年第 1 期。

[99] 王军生、李登武：《股票市场操纵行为的微观机理分析》，《财经问题研究》2005 年第 4 期。

[100] 王震：《中国股票市场价格操纵预警方法》，《浙江社会科学》2006 年第 4 期。

[101] 向中兴：《中国股价操纵的理论模型》，《财经科学》2006 年第 11 期。

[102] 姚斌：《股票流动性——机构操纵及操纵周期的研究》，《当代财经》2006 年第 11 期。

[103] 徐爱农：《股票市场操纵行为的模型分析》，《同济大学学报》（自然科学版）2007 年第 7 期。

[104] 张宗新：《内幕交易行为预测——理论模型与实证分析》，《管理世界》2008 年第 4 期。

[105] 许永斌、陈佳：《基于数据挖掘思想下的中国证券市场内幕信息操纵判别研究》，《经济学家》2009 年第 1 期。

[106] 金山、许建春、乔耀莹：《中国证券市场操纵行为研究——基于动态面板数据的实证分析》，《广东金融学院学报》2010 年第 5 期。

[107] 陈筱彦、魏嶷、许勤：《收盘价被操纵了吗》，《南方金融》2010 年第 5 期。

[108] 孙有发、张成科、刘彩燕等：《数字杠杆平衡原理及其在证券市场中的应用》，《统计与决策》2010 年第 5 期。

[109] 鲁桂华：《庄、市净率、A 股估值和资源配置效率》，《中央财经大学学报》2011 年第 3 期。

[110] 孔东民、王茂斌、赵婧：《订单型操纵的新发展及监管》，《证券

市场导报》2011 年第 1 期。

[111] 熊熊、张宇、张维等：《股指期货操纵预警的 Logistic 模型实证研究》，《系统工程理论与实践》2011 年第 7 期。

[112] 张维、韦立坚、熊熊等：《从波动性和流动性判别股指期货跨市场价格操纵行为》，《管理评论》2011 年第 7 期。

[113] 左顺根：《市场操纵的含义——认定及度量述评》，《金融理论与实践》2012 年第 2 期。

[114] 耿志民：《机构投资者市场操纵行为理论》，《郑州大学学报》（哲学社会科学版）2012 年第 1 期。

[115] 张付标、邢精平、季峰：《合谋操纵与散户跟风的演化博弈分析》，《证券市场导报》2012 年第 2 期。

[116] 扈文秀、刘小龙：《操纵者与内幕交易者合谋条件下有打压过程的市场操纵行为研究》，《系统管理学报》2013 年第 2 期。

[117] 田宏杰：《操纵证券市场行为的本质及其构成要素》，《国家行政学院学报》2013 年第 3 期。

[118] 李梦雨、魏熙晔：《中国基金公司季末操纵股票价格吗》，《上海经济研究》2014 年第 3 期。

[119] 陈艳艳：《管理层对股权激励行权价格的操纵行为研究》，《经济经纬》2014 年第 2 期。

[120] 朱庆：《上市公司股份回购中操纵市场行为认定与豁免探讨》，《证券市场导报》2015 年第 4 期。

[121] 孟辉、孙寅浩：《防范新型股价操纵行为》，《中国金融》2015 年第 9 期。

[122] J. Delong, "Noise Trader Risk In Financial Markets", *Journal of Political Economy*, No. 8, 1990.

[123] K. Daniel, D. Hirshleifer and A. Subrahmanyam, "Overconfidence, Arbitrage and Equilibrium Asset Pricing", *Journal of Finance*, No. 3, 1998.

[124] H. Hong and J. C. Stein, "A Unified Theory of Underreaction, Momentum Trading and Overreaction in Asset Markets", *Journal of Fi-*

nance, No. 54, 1999.

[125] D. Kahneman and Tversky, "AProspect Theory: An Analysis of Decision Under Risk", *Econometrica*, No. 6, 1979.

[126] M. Osborne, "BrownianMotion in the Stock Market", *Operations Research*, No. 4, 1959.

[127] C. Ying, "Stock Market Prices and Volumes of Sales", *Econometrica*, No. 7, 1966.

[128] Thomas E. Copeland, "A Model of Asset Trading Under the Assumption of Sequential Information Arrival", *Journal of Finance*, No. 31, 1976.

[129] J. Wang, "A Model of Competitive Stock Trading Volume", *Journal of Political Economy*, No. 1, 2002.

[130] R. Roll, "R^2", *Journal of finance*, No. 3, 2009.

[131] 陈灿平：《上海股票市场收益率与成交量因果关系研究》，《经济经纬》2007 年第 2 期。

[132] 翁富：《主力对敲做量的特征》，《股市动态分析》2015 年第 6 期。

[133] 王杉：《中国股票市场的简单量价关系模型》，《管理科学学报》2006 年第 4 期。

[134] Y. Amihund and H. Mendelson, "Asset Pricing and the Bid-ask Spread", *Journal of Financial Economics*, No. 17, 1986.

[135] V. R. Eleswarapu, "Cost of Transacting and Expected Return in the NASDAQ Market", *Journal of Finance*, No. 52, 1997.

[136] R. Petersen, "Liquidity Risk and Expected Stock Returns", *Journal of PoliticalEconomy*, No. 111, 2003.

[137] V. T. Datar, Y. Naik and R. Radcliffe, "Liquidity and Mock Returns: An AlternativeTest", *Journal of Financial Markets*, No. 1, 1998.

[138] Y. Amihud, "Illiquidity and Stock Returns: Cross Section and Time Series Effects", *Journal of Financial Markets*, No. 5, 2001.

[139] 张胜、陈金贤：《深圳股票市场"庄股市场"特征的市场分析》，

《经济科学》2001 年第 3 期。

[140] 向中兴:《中国股票市场价格操纵问题研究》,博士学位论文,四川大学,2006 年。

[141] 陈收:《行为理论及评述》,《管理评论》2003 年第 10 期。

[142] Narasimhan Jegadeesh and Sherridan Titman, "Returns to Buying Winners and Selling Losers: Implications for Stock Market Efficiency", *Journal of Finance*, No. 48, 1993.

[143] L. Conrad andG. Kaul, "An Anatomy of Trading Strategies", *Review of Financial Studies*, No. 11, 1998.

[144] T. J. Moskowitz and M. Grinblatt, "Does Industry Explain Momentum?" *Journal of Finance*, No. 54, 1999.

[145] B. D. Grundy and S. J Martin, "Understanding the Nature of Risks and the Sources of Rewards to MomentumInvesting", *Review of Financial Studies*, No. 14, 2001.

[146] Narasimhan Jegadeesh and Sherridan Titman, "Cross-sectional and Time-series Determinants of Momentum Return", *The Review of Financial Studies*, No. 15, 2002.

[147] T. J. Moskowitz and M. Grinblatt, "Does Industry Explain Momentum?" *Journal of Finance*, No. 54, 1999.

[148] B. D. Grundy and S. J. Martin, "Understanding the Nature of Risks and the Sources of Rewards to Momentum Investing", *Review of Financial Studies*, No. 14, 2001.

[149] T. Chordia and L. Shivakumar, "Momentum, Business Cycle and Time-varying Expected Return", *Journal of Finance*, No. 57, 2002.

[150] Jonathan B. Berk, Richard C. Green and Vasant. Naik, "Optimal Investment, Growth Options and Security Returns", *Journal of Finance*, No. 54, 1999.

[151] P. Zarowin, "Size, Seasonality andStock Market Overreaction". *Journal of Financial and Quantitative Analysis*, No. 25, 1990.

[152] K. G. Rouwenhorst, "Local Return Factors and Turnoverin Emerging Stock Markets", *Journal of Finance*, No. 54, 1999.

[153] 周琳杰:《中国股票市场动量策略赢利性研究》,《世界经济》2002 年第 8 期。

[154] 张谊浩:《中国股市反向效应和动量效应的实证研究》,《经济管理》2003 年第 22 期。

[155] 徐信忠、郑纯毅:《中国股票市场动量效应成因分析》,《经济科学》2006 年第 1 期。

[156] 潘莉:《A 股个股回报率的惯性与反转》,《金融研究》2011 年第 1 期。

[157] 贾颖、杨天化:《"次贷危机"下发达国家和地区股票指数的惯性效应与反转效应——以美国、日本、欧洲、香港为例》,《金融研究》2011 年第 8 期。

[158] 谭小芬:《中国 A 股市场动量效应和反转效应:实证研究及其理论解释》,《金融评论》2012 年第 1 期。

[159] 陈蓉、郑振龙:《动量效应的行为金融学解释》,《系统工程理论》2014 年第 3 期。

[160] 高秋明:《中国 A 股市场动量效应的特征和形成机理研究》,《财经研究》2014 年第 2 期。

[161] 王永宏、赵学军:《中国股市惯性策略和反转策略的实证分析》,《经济研究》2001 年第 6 期。

[162] 罗洪浪、王浣尘:《中国股市动量策略与反向策略的赢利性》,《系统工程理论方法应用》2004 年第 6 期。

[163] 郭磊、吴冲锋:《基于收益分解的股票市场动量效应国际比较》,《系统管理学报》2007 年第 2 期。

[164] 王志强、齐佩金、孙刚:《动量效应的最新研究进展》,《世界经济》2006 年第 12 期。

[165] 朱战宇、吴冲锋、王承炜:《不同检验周期下中国股市价格动量的盈利性研究》,《世界经济》2005 年第 8 期。

[166] 吴世农、吴超鹏:《我国股票市场"价格惯性策略"和"盈余惯

性策略"的实证研究》,《经济科学》2003 年第 4 期。

[167] 冯科:《短期动量效应与收益反转效应研究》,《财经理论与实践》2013 年第 3 期。

[168] L. K. C. Chan, N. Jegadeesh and J. Lakonishok. , "Momentum Strategies", *Journal of Finance*, No. 51, 1996.

[169] C. Lee and B. Swaminathan, "Price Momentum and Trading Volume", *Journal of Finance*, No. 55, 2000.

[170] A. Chui, S. Titman and K. C. J. Wei, Momentum, *Ownership Structure, And Financial Crises: An Analysis of Asian Stock Markets*, Working Paper, University of Texas at Austin, 2000.

[171] K. G. Rouwenhorst, "International MomentumStrategies", *Journal of Finance*, No. 53, 1998.

[172] G. Markus and M. Weber, *Momentum and Turnover: Evidence from the German Stock Market*, Working Paper, Mannheim University, 2002.

[173] S. Nagel, *Momentum Caused by Delayed Overreaction*, Working Paper, London Business School, 2002.

[174] A. Hameed and Y. Kusnadi, "Momentum Strategies: Evidence from Pacific Basin Stock Markets", *Journal of Financial Research*, No. 25, 2002.

[175] P. Clark, "A Subordinated Stochastic Process Model with Finite Variance for Speculative Prices", *Econometrica*, No. 41, 1973.

[176] T. W. Epps, "Security Price Changes and Transaction Volumes: Theory and Evidence", *American Economic Review*, No. 65, 1976.

[177] R. A. Wood, T. H. Mclnish and J. K. Ord, "An Investigation of Transactions Data for NYSE Stocks", *Journal of Finance*, No. 6, 1985.

[178] L. Harris, "Cross-security Tests of the Mixture of Distributions Hypothesis", *Journal of Financial and Quantitative Analysis*, No. 21, 1986.

[179] R. H. Jennings, Starks, L. T. and J. CFellingham, " Anequilibrium Model of Asset Trading with Sequential Information Arrival", *Journal of Finance*, No. 1, 1981.

[180] L. Harris, "Transaction Data Tests of the Mixture Distribution Hypothesis", *Journal of Financial and Quantitative Analysis*, No. 22, 1984.

[181] W. A. Brock and A. W. Kleidon, " Periodic Market Closure and Trading Volume: A Model of Intraday Bidsand Asks", *Journal of Economic Dynamics and Control*, No. 16, 1992.

[182] L. E. Blume, D. Easley and M. O'Hara, "Market Statistics and Technical Analysis: The Role of Volume", *Journal of Finance*, No. 1, 1993.

[183] J. Campell, S. Crossman and J. Wang, "Trading Volume and Serial Correlation in Stock Returns", *Quarterly Journal of Economics*, No. 8, 1993.

[184] 王承炜:《中国股市价格交易量的线性及非线性因果关系研究》,《管理科学学报》2002 年第 8 期。

[185] 翟爱梅:《基于量价关系的股价塑性和弹性研究》,《中国管理科学》2011 年第 8 期。

[186] 夏天:《基于 CARR 模型的交易量与股价波动性动态关系的研究》,《数量统计与管理》2007 年第 9 期。

[187] 封福育:《我国沪深股市量价关系实证分析》,《商业经济与管理》2008 年第 6 期。

[188] 王新宇:《我国创业板 IPO 首日高频量价分位相关的变点分析》,《系统工程理论与实践》2013 年第 7 期。

[189] 卢米雪:《基于 CARR-X 模型的股市高频环境下量价关系动态研究》,《求索》2013 年第 12 期。

[190] 苏冬蔚、麦元勋:《流动性与资产定价:基于我国股市资产换手率与预期收益的实证研究》,《经济研究》2010 年第 2 期。

[191] 姚斌:《股票流动性、机构操纵及操纵周期的研究》,《当代财经》2006 年第 11 期。

[192] J. M. Chalmers, "An Empirical Examination of the Amortization-Spread", *Journal of Financial Economics*, No. 48, 1998.

[193] Michael Brennan, J. Tarum Cordia and Avanidhar Subrahmanyam, "AlternativeFactor Specifications, Security Characteristics, and the Cross-section of Expected Stock Returns", *Journal of Financial Economics*, No. 49, 1998.

[194] Robert A. Haugen and Nardin L. Bake, "Commodity in the Determinants of Expected Stock Return", *Journal of Financial Economics*, No. 41, 1996.

[195] V. T. Datar and N. Y. Naik, "Liquidity and Stock Return: An Alternative Test", *Journal of Financial Market*, No. 1, 1998.

[196] 张峥、刘力:《换手率与股票收益:流动性溢价还是投机性泡沫》,《经济学季刊》2006 年第 3 期。

[197] 孙培源:《微观结构流动性与买卖价差:一个基于上海股市的经验研究》,《世界经济》2002 年第 4 期。

[198] 李文鸿:《股市流动性与股票收益率的面板数据实证分析》,《统计与决策》2012 年第 10 期。

[199] 王辉:《系统流动性风险与系统流动性溢价:基于中国市场的研究》,《复旦学报》2014 年第 10 期。

[200] 张美玲:《基于股票交易金额度量的流动性溢价研究》,《商业经济研究》2015 年第 6 期。

[201] 沈虹:《基于综合流动性度量指标的中国期货市场流动性溢价研究》,《数理统计与管理》2013 年第 3 期。

[202] 杨朝军:《中国证券市场日内流动性实证研究》,《上海交通大学学报》2003 年第 4 期。

[203] 屈文洲、吴世农:《中国股票市场微观结构的特征分析》,《经济研究》2002 年第 1 期。

[204] 刘海龙、仲黎明、吴冲锋:《B 股向境内开放对 AB 股流动性影响的分析》,《系统工程学报》2002 年第 10 期。

[205] 孙培源:《微观结构流动性与买卖价差:一个基于上海股市的经

验研究》,《世界经济》2002 年第 4 期。

[206] 周芳、张维:《中国股票市场流动性风险溢价研究》,《金融研究》2011 年第 5 期。

[207] 王春峰、韩冬、蒋祥林:《流动性与股票回报:基于上海股市的实证研究》,《经济管理》2002 年第 24 期。

[208] 潘宁宁、朱宏泉、陈林:《股票流动性与资产流动性的相关性:理论与实证分析》,《系统工程理论与实践》2011 年第 4 期。

[209] J. L. Davis, E. F. Fama and K. R. French, "Characteristics, Covariances, and Average Returns: 1929 to 1997", *Journal of Finance*, No. 55, 2000.

[210] 吴文锋、芮萌、陈工孟:《中国股票收益的非流动性补偿》,《世界经济》2003 年第 7 期。

[211] T. Chordia, A. Subrahmanyam and V. Anshuman, "Trading Activity and Expected Stock Returns", *Journal of Financial Economics*, No. 59, 2001.

[212] 李学、刘文虎:《市场操纵过程中低贝塔系数现象研究》,《证券市场导报》2004 年第 12 期。

[213] 杨胜刚:《行为金融、噪声交易与中国证券市场主体行为特征研究》,《经济评论》2002 年第 4 期。

[214] 于鸿君、王震:《论"庄股"识别——基于人均市值指标的实证检验》,《金融研究》2005 年第 10 期。

[215] 鲁桂华:《坐庄行为股票价格对会计盈余的过度反应与资本配置效率》,《南开管理评论》2012 年第 5 期。

[216] 鲁桂华、陈晓:《庄与会计盈余的价格含义》,《管理世界》2005 年第 7 期。

[217] 周宏:《大批庄家盛极而衰今年覆灭——庄股将退出历史舞台》,《国际金融报》2003 年第 6 期。

[218] 陈晓、秦跃红:《"庄家"与信息披露的质量》,《管理世界》2003 年第 3 期。

[219] 王咏梅:《会计信息披露的规范问题研究》,《会计研究》2001

年第 4 期。

［220］唐俊、宋逢明：《证券咨询机构选股建议的预测能力分析》，《财经论丛》2002 年第 1 期。

［221］张军：《我国深圳股市"庄家操纵"特征的实证分析》，《系统工程与理论实践》2002 年第 9 期。

［222］张胜、陈金贤：《深圳股票市场"庄股市场"特征的实证分析》，《经济科学》2001 年第 6 期。

［223］刘元海：《金融市场操纵理论评述》，《经济学动态》2002 年第 10 期。

［224］史永东、蒋贤锋：《中国证券市场违法违规行为的判别》，《预测》2005 年第 3 期。

［225］胡祖刚：《中国证券市场股票价格操纵研究》，《证券日报》2003 年第 5 期。

［226］左顺根：《市场操纵的含义、认定及度量述评》，《西南金融》2012 年第 3 期。